# L'ENTREPRISE CONTRIBUTIVE

FABRICE BONNIFET
CÉLINE PUFF ARDICHVILI

# L'ENTREPRISE CONTRIBUTIVE

## CONCILIER MONDE DES AFFAIRES ET LIMITES PLANÉTAIRES

DUNOD

Direction artistique : Elisabeth Hébert
Illustration de couverture : Céline Puff Ardichvili
Mise en pages : Nord Compo



11 rue Paul Bert, 92240 Malakoff
www.dunod.com

ISBN 978-2-10-084362-6

# Table des matières

# Avertissement

Ce livre invite à regarder d'un œil critique, mais non moralisateur, le monde tel que nous l'avons, en tant que société, transformé, mais aussi spolié, voire détruit, et à s'interroger, le plus objectivement possible, sur les reconfigurations à opérer dans la sphère économique. Nous faisons partie du problème mais aussi des solutions : quel rôle pouvons-nous jouer dès à présent, en tant que citoyen et en tant que salarié ou entrepreneur, pour « faire autrement » – pour « faire mieux », avec « moins » ?

S'il est naïf de se poser de telles questions et de tenter d'y répondre, alors oui, nous l'assumons, nous sommes de grands naïfs. Ce sont pourtant les récits d'utopies réalistes et des exemples inspirants qui peuvent faire basculer l'action individuelle, les comportements et les sociétés. Ces récits tournés vers l'espoir des possibles sont l'alternative au cynisme, à l'attentisme, au découragement ou à l'indifférence. Ce livre a pour ambition de présenter des solutions, des initiatives pionnières, des méthodes et des acteurs inspirants.

SE RÉINVENTER
OEUVRER POUR LA PAIX
FAIRE SA PART
GARDER LES PIEDS SUR TERRE

# Préface

*« Demain ne sera pas comme hier. Il sera nouveau et il dépendra de nous. Il est moins à découvrir qu'à inventer. »*

Gaston Berger, *Phénoménologie du temps et prospective,* 1964

Gaston Berger, un des pères de la prospective – « l'étude des futurs possibles » –, nous interpelle. Sa citation acquiert une résonance toute particulière face au changement climatique que nous vivons et dont nous sommes responsables, en tant qu'humanité.

Il s'agit bien de prospective que nous, scientifiques du climat, faisons lorsque nous projetons les climats futurs et les mondes socio-économiques associés. Nos projections ne sont pas des prédictions mais des explorations des futurs possibles, ou plausibles, pour éclairer les choix collectifs que nous devons faire aujourd'hui pour nous prémunir de risques majeurs demain. « *Il sera nouveau et il dépendra de nous* » est un bon résumé de l'état de nos connaissances sur le climat futur.

L'influence humaine sur le climat est maintenant un fait scientifique établi, sans ambiguïté, comme le montre le premier volet du 6e rapport du Groupe d'experts intergouvernemental sur l'évolution du climat (GIEC) sur la physique du climat publié en août 2021. Les activités humaines sont responsables de l'intégralité du réchauffement global de la dernière décennie, dont le niveau de température (+ 1,1 °C par rapport à l'ère préindustrielle) est très probablement le plus élevé depuis au moins 100 000 ans. Et, il faut remonter deux millions d'années en arrière pour retrouver une concentration de $CO_2$ dans l'atmosphère plus élevée qu'aujourd'hui.

Le changement climatique d'origine humaine a déjà des effets mesurables dans toutes les régions du monde. L'augmentation de la température a entraîné la fonte des glaciers et des calottes glaciaires, l'élévation du niveau des mers et la multiplication des phénomènes météorologiques extrêmes, tels que les vagues de chaleur et les sécheresses, avec des effets en cascade sur les écosystèmes, les rendements agricoles, la santé humaine et les moyens de subsistance. Les progrès de la recherche permettent d'attribuer au réchauffement climatique ces effets. L'attribution est particulièrement nette pour l'augmentation de la fréquence et de l'intensité des vagues de chaleur. Ainsi, on sait que le changement climatique d'origine anthropique a rendu 5 à 10 fois plus probables (donc 5 à 10 fois plus fréquents) les épisodes caniculaires que la France et l'Europe de l'Ouest ont connu en juin et juillet 2019, avec des records de température proches de 45 °C.

L'augmentation des vagues de chaleur affecte les écosystèmes terrestres et aquatiques. Par exemple, on estime que des centaines de millions d'animaux marins sont morts à cause du dôme de chaleur qui s'est abattu sur la côte ouest du Canada durant l'été 2021. Cela détruit aussi des cultures, menace la sécurité alimentaire de certaines zones et les revenus de ceux qui en dépendent. C'est ce qui s'est passé début 2022 en Argentine lorsque la chaleur a dévasté une partie des cultures de maïs et de soja. Les vagues de chaleur ont aussi des conséquences pour la santé humaine, en particulier des plus vulnérables, les personnes âgées et les jeunes enfants, ou des plus exposés, les personnes qui travaillent en extérieur en particulier. Des études récentes ont également montré que les vagues de chaleur diminuaient les capacités cognitives et les capacités d'apprentissage, et augmentaient la violence dans nos sociétés, à toutes les échelles.

L'état des connaissances scientifiques permet également de projeter les risques futurs liés au changement climatique. Les risques s'intensifient avec l'augmentation de température moyenne mondiale, avec des risques élevés voire très élevés pour les systèmes les plus sensibles, comme les récifs coralliens et les activités de pêche qui en dépendent, ou les régions arctiques et les littoraux, à 1,5 °C déjà. De nombreux changements dans le système climatique s'amplifient avec le réchauffement du globe : augmentation de la fréquence et de l'intensité des extrêmes de chaleur, des fortes précipitations et des sécheresses agricoles et écologiques dans certaines régions ; réduction de la glace de mer, de la couverture neigeuse et du pergélisol dans l'Arctique. Plus le réchauffement se poursuit, plus les impacts et les risques augmentent pour les écosystèmes terrestres et océaniques, les infrastructures, les réseaux et les services essentiels, le niveau de vie, la santé humaine, la sécurité alimentaire et l'accès à l'eau ; et avec eux la probabilité de conséquences graves, généralisées et irréversibles.

La France connaît déjà des impacts du changement climatique, avec une hausse des températures moyennes de 1,7 °C depuis 1900. Les conditions climatiques sortent des plages de variabilité naturelle avec des impacts croissants qui touchent nos conditions de vie et de travail, la santé, le niveau de vie ou le bien-être. Les deux-tiers de la population française sont déjà fortement ou très fortement exposés au risque climatique. Le pourtour méditerranéen, dont le Sud de la France, est ainsi un des « points chauds » du changement climatique, se caractérisant par un niveau élevé d'exposition et de vulnérabilité aux effets du changement climatique. Mais l'ensemble du territoire métropolitain et d'outre-mer est concerné. Montée du niveau de la mer causant érosion du littoral, submersions marines, salinisation des nappes phréatiques ; fonte des glaciers des Alpes et des Pyrénées, diminution de l'enneigement, et perturbation des régimes des fleuves et rivières qui en dépendent ; sécheresses et tensions sur les usages de l'eau ; dépérissement des forêts, risques de feux accrus… la liste est longue.

Sans action face au changement climatique, ses effets continueront d'amplifier les risques et pourraient compromettre l'amélioration des conditions de vie dans le monde. Et chaque fraction de degré compte. Par exemple, à 1,5 °C de réchauffement global, 250 millions de personnes supplémentaires risquent d'être exposées à une pénurie d'eau. À 2 °C, c'est le double.

De nombreux changements dus aux gaz à effet de serre, déjà accumulés dans l'atmosphère, sont irréversibles pendant des siècles voire des millénaires. C'est le cas, en particulier, des modifications des océans, des calottes glaciaires et du niveau des mers. Pour les 20 ans qui viennent, on sait que la tendance au réchauffement va se poursuivre inéluctablement du fait des concentrations de gaz à effet de serre déjà présentes dans l'atmosphère et des émissions à venir. Ce seront aussi des événements extrêmes plus fréquents et plus intenses. L'équivalent des vagues de chaleur que l'on a connues en Europe de l'Ouest en juin et juillet 2019 seront de l'ordre de quatre fois plus fréquentes dans les années 2040.

C'est pourquoi des actions d'adaptation sont à engager dès maintenant pour adapter nos villes, nos infrastructures, la gestion de l'eau, la prévention des risques de feux de forêt, la prévention des risques pour la santé – et la mortalité – liées aux vagues de chaleur, mais aussi aux autres effets prévisibles du changement climatique. L'adaptation est une approche qui utilise les connaissances actuelles pour anticiper l'inédit, s'y préparer et réduire l'exposition et la vulnérabilité des populations. En ville, par exemple, cela veut dire ramener plus de végétation et d'eau, avoir des surfaces plus claires, désartificialiser les sols, etc.

Pour autant, on ne pourra pas s'adapter à tout. Il existe des seuils, des limites dans la vitesse et l'ampleur des changements, au-delà desquels les écosystèmes et les sociétés humaines subiraient des dommages catastrophiques. C'est pourquoi il est également urgent de réduire les émissions de gaz à effet de serre, cause de ce changement climatique.

Il existe une relation quasi-linéaire entre les émissions anthropiques cumulées de dioxyde de carbone ($CO_2$) et le réchauffement climatique qu'elles provoquent. Cela veut dire que tant que le bilan $CO_2$ émis/$CO_2$ absorbé, ou émissions

« nettes » de $CO_2$, ne sera pas égal à zéro, la concentration de ce gaz dans l'atmosphère augmentera et le réchauffement climatique se poursuivra. Vu de façon plus positive, cela veut dire que lorsque les émissions de $CO_2$ seront égales à zéro, la situation arrêtera d'empirer. Pour stabiliser le réchauffement global (que ce soit à + 1,5 °C ou + 2 °C par rapport à l'ère préindustrielle) il faut que nous atteignions en quelques décennies cette neutralité $CO_2$, ou dit autrement, il faut que les puits gérés par les activités humaines qui absorbent du $CO_2$ de l'atmosphère (forêts, sols) contrebalancent les émissions de $CO_2$ dues aux activités humaines. Les émissions des autres gaz à effet de serre, et en particulier le méthane, doivent également baisser rapidement.

Atteindre la neutralité carbone implique des transformations de vitesse et d'ampleur sans précédent historique à l'échelle mondiale pour que les émissions de $CO_2$ en 2030 soient presque divisées par deux par rapport à leur niveau de 2010 (pour rappel, les émissions mondiales sont encore à la hausse). Toutes les activités humaines, quel que soit le secteur, sont concernées par l'objectif de réduction des émissions. Toute émission supplémentaire dans un secteur impose une réduction plus grande dans un autre secteur, ou davantage d'absorptions par les puits de carbone.

Les scénarios prospectifs d'émissions de gaz à effet de serre, synthétisés par le GIEC, montrent que stabiliser le réchauffement global à + 1,5 °C ou + 2 °C nécessite des transformations majeures et radicales, inédites par leur ampleur, de tous les grands systèmes : les systèmes énergétiques, les systèmes d'usages des sols et alimentaires, les systèmes industriels, les systèmes de transports, les infrastructures, les bâtiments et les villes. Ces scénarios partagent un certain nombre de caractéristiques communes, qui dessinent des points de passages : une demande mondiale d'énergie relativement faible, correspondant à une croissance faible par rapport au niveau d'aujourd'hui voire une baisse ; une décarbonation complète de la production d'électricité à l'horizon 2050 ; une sortie du charbon et une baisse des autres énergies fossiles ; de fortes réductions des émissions agricoles ; des transitions massives d'usages des sols vers davantage de stockage de $CO_2$ dans les forêts et les sols ; des émissions industrielles réduites, du fait de gain d'efficacité énergétique, mais aussi d'efficacité matière de l'économie toute entière, de recyclage et de sobriété (c'est-à-dire une recherche de modération dans la production et la consommation de produits, de matériaux) ; des émissions des transports réduites, par des distances parcourues réduites, des reports vers des modes peu ou pas émetteurs (vélo, transports en commun, train), un arrêt des ventes des véhicules thermiques ; des émissions des bâtiments réduites, avec les nouvelles constructions zéro carbone et proches de zéro énergie dans cette décennie 2020, et une rénovation massive du stock de bâtiments existant.

Les transformations que nous devons mettre en œuvre sont radicales, en rupture avec les trajectoires de développement historiques. Pour autant les solutions sont connues : investir massivement dans les technologies bas carbone, isoler les bâtiments, arrêter d'investir dans les énergies fossiles et les structures qui accroissent notre dépendance à ces énergies (comme l'étalement des villes), créer ou renforcer les infrastructures de transport bas carbone (transports en commun, vélo, rail), mettre en place des chaînes d'approvisionnement plus durables, etc. En diminuant l'usage des énergies fossiles, l'atténuation du changement climatique apporte aussi, localement et rapidement, une amélioration de la qualité de l'air et de la santé. Les études montrent également que les options d'atténuation qui agissent sur la demande – d'énergie, de matériaux, de consommation gourmande en terre comme la consommation de viande – en jouant sur l'efficacité mais aussi sur la sobriété, sont celles qui maximisent les synergies avec les objectifs de développement durable.

L'état de nos connaissances est sans ambiguïté ; il rend irresponsable tout délai à agir pour limiter un changement climatique. Nos choix d'aujourd'hui sont cruciaux, car l'ampleur des changements de demain en dépendra. Il n'est jamais trop tard pour agir, car chaque émission évitée permet de limiter les impacts du changement climatique, les risques de franchissement de seuil de tolérance pour l'homme et les écosystèmes. Sans action immédiate, forte, soutenue dans le temps et à grande échelle, les seuils de 1,5 °C ou 2 °C seront hors de portée. Mais, le scénario du pire n'est ni certain ni inéluctable, loin de là. On connaît les solutions pour réduire les émissions mondiales et l'éviter.

Pour autant, il est urgent d'accélérer fortement les actions. Quel que soit l'objectif de stabilisation du changement climatique, il faut atteindre la neutralité carbone à l'échelle mondiale. Plus on attend, plus cela sera difficile et plus les impacts du changement climatique seront importants. Cela implique de mettre en œuvre des transformations de l'ensemble de nos activités (déplacement, logement, chauffage, production et consommation, aménagement des villes et des territoires, organisation de nos systèmes agricoles et alimentaires, etc.). Ces transformations nécessitent une action immédiate et forte, incluant toute la société pour une transition juste.

Agir face au changement climatique nécessite aussi d'intégrer les enjeux, de penser les liens entre climat et inégalités, entre climat et biodiversité, entre climat et santé, etc. Cela demande une très forte interdisciplinarité dans les recherches, les pratiques et les formations. Les actions qu'il nous faut ne sont pas marginales, ne portent pas sur un seul aspect, et ne sont pas seulement individuelles. Des transformations d'une telle ampleur nécessitent des combinaisons de politiques publiques à toutes les échelles, du local à l'international, et l'implication de tous les acteurs de la société (entreprises, société civile, citoyens) pour faire évoluer nos infrastructures, nos organisations collectives et nos normes sociales.

C'est là que le livre que vous avez dans les mains entre en jeu. Ses auteurs vous invitent à passer du savoir à l'action, des constats à la mise en œuvre. Ils vous engagent à plonger « les mains dans le cambouis », à devenir acteur de ces transformations radicales.

Sans concession pour les discours du délai, les dessins de Céline Puff Ardichvili qui illustrent le livre vous offriront un antidote par leur regard décalé et acerbe. Ces discours du délai reconnaissent l'existence du changement climatique et son origine anthropique, mais ils cherchent à justifier l'inaction ou l'action minimale. Certains arguments détournent l'attention vers des solutions non transformatrices et individuelles, vers des « petits gestes » – comme trier ses déchets qui, bien que vertueux, sont loin d'être à la hauteur de l'enjeu – ou vers des promesses de solutions technologiques prétendues imminentes mais en réalité lointaines et risquées. D'autres arguments réorientent la responsabilité : ce sont « les autres » – pays, groupes, individus – qui devraient agir avant nous. Par exemple, l'action de la France, qui ne représente « que 1 % » des émissions mondiales, serait inutile. C'est oublier que notre empreinte carbone est de 10 tonnes d'équivalent $CO_2$ par habitant, soit près du double de la moyenne mondiale. D'autres encore mettent en exergue les désavantages de l'action – comme les risques qu'ils feraient encourir aux plus pauvres – pour éviter toute politique climatique. Enfin, certains affirment qu'il serait trop tard pour agir, alors que précisément chaque action compte car chaque fraction de degré compte. Si ces discours se font écho de préoccupations légitimes, ils empêchent d'agir à la hauteur des enjeux lorsqu'ils démobilisent ou suscitent l'adversité plutôt que la recherche de solutions.

Les chapitres de ce livre vous donneront des pistes pour en sortir, à travers de nombreux exemples inspirants, des méthodes, des questions à (se) poser. « Changer les modèles d'affaires, changer le management, changer le design, changer les achats, changer la mesure de la performance, changer la reconnaissance, etc. : tous les facteurs sont concernés. » Ainsi, ils vous invitent à oser imaginer et expérimenter d'autres façons de faire. Il ne s'agit rien de moins que d'imaginer et construire le futur dans lequel nous voulons vivre. Ce futur commun peut être un monde meilleur si nous nous y attelons résolument. Comme nous le disait Gaston Berger, le futur « *est moins à découvrir qu'à inventer* ».

Il est donc temps pour moi de passer le témoin à Céline Puff Ardichvili et Fabrice Bonnifet, et de vous passer le témoin pour inventer et agir.

Vous voulez changer le monde ? Chiche ! Parions que ce livre vous donnera l'inspiration pour vous lancer dans l'action.

Impossible selon vous ? Alors ne lisez pas ce qui suit. Ou au contraire, lisez-le justement. Parions qu'il vous embarquera dans l'aventure.

Céline Guivarch,
polytechnicienne et docteur en économie.
Chercheuse au CIRED
(Centre international de recherche
sur l'environnement et le développement),
membre du Haut conseil pour le climat
et co-autrice du volet atténuation
et solutions du 6e rapport du GIEC
(Groupe d'experts intergouvernemental
sur l'évolution du climat)

# Préalable à la promenade dans l'univers de l'entreprise contributive

Nous voilà repartis pour une énième relance. L'espoir d'un retour à la croissance. Pourtant, nous savons tous, au fond, que c'est une illusion. Une autre croissance est-elle possible ? Pas selon les critères qui caractérisent la croissance telle qu'on l'entend aujourd'hui. C'est pourquoi nous parlons d'un nouveau modèle de croissance, ou plutôt de développement humain holistique. Vu comme cela, ce n'est pas gagné, mais c'est de ce développement-là dont il est question dans ce livre. Et il ne peut pas s'appuyer sur des entreprises aux modèles traditionnels. Il peut naître d'entreprises qui contribuent positivement à la société, en termes à la fois économiques, sociétaux et environnementaux. Appelons-les « entreprises contributives ».

Si, à la question de savoir ce qui manquerait à l'humanité si cette entreprise n'existait pas, fondateurs, salariés, clients et partenaires doivent, en toute honnêteté, répondre « rien ou pas grand-chose », cela signifie qu'il reste du chemin à parcourir. Non, aucune entreprise ne peut se targuer d'être 100 % vertueuse. Mais des entreprises tendant vers un modèle contributif existent déjà, nous avons rencontré leurs créateurs ou des collaborateurs qui la vivent. Certains salariés font aussi bouger les modèles d'affaires. Ce sont leurs témoignages qui donnent envie d'agir, car oui, il existe bien des solutions pour produire autrement.

Avez-vous déjà assisté à une ola dans un stade ? Elle part de quelques individus isolés et motivés, et gagne, par contagion joyeuse, toutes les tribunes. Il ne fait aucun doute que les entreprises contributives inspireront les autres, c'est même déjà le cas. « *Ne doutez jamais qu'un petit nombre de personnes peuvent changer le monde. En fait, c'est toujours ainsi que le monde a changé* » nous dit Margaret Mead. Existe-t-il une citation plus clichée ? Parions qu'elle figure dans tous les manuels de management ! Et sans doute aussi dans tous les ouvrages sur le développement durable. Mais, pourtant, nous n'en avons pas trouvé d'autre pour illustrer notre conviction : les personnes qui créent l'entreprise telle qu'elle devrait être – pas l'hypothétique entreprise de demain – existent déjà. Plus elles seront nombreuses à démontrer que leur modèle est le meilleur, plus ce modèle s'imposera de lui-même.

## Et si on passait du confort à la félicité ?

> *« L'histoire n'est pas le lieu de la félicité. Les périodes de bonheur y sont ses pages blanches. »*
>
> Friedrich Hegel

Une autre vision de l'entreprise est possible, c'est une question de *leadership* et de méthodes ! Alors que l'humanité s'enfonce toujours plus dans l'anthropocène[1] en détruisant

1. Terme signifiant « l'ère de l'humain », popularisé par Paul Josef Crutzen – météorologue et chimiste, prix Nobel de chimie 1995 – et Eugène Stoermer – biologiste. L'anthropocène désigne l'époque géologique qu'ils font démarrer avec la révolution industrielle, et qui succède à l'holocène.

les écosystèmes, certains refusent toute idée de fatalisme. Parmi eux, les utopistes, les inconscients, les humanistes, les idéalistes, les optimistes, les naïfs, les conquérants de l'inutile estiment qu'une autre voie est possible pour créer de la valeur sans détruire le vivant ni même l'humain. Les partisans de l'entreprise contributive en font partie.

## Commençons par un coup de gueule

Le diagnostic est sans appel, l'humanité vit au-dessus de ses moyens. D'abord financiers, si on en juge par l'endettement privé et public de la majorité des pays. Mais surtout, sur le front de l'utilisation des ressources naturelles nécessaires au fonctionnement d'une économie mondialisée, prédatrice du vivant et incompatible avec les écosystèmes dont nous dépendons pour vivre. Finalement les deux dettes s'alimentent : vivre littéralement au-dessus des capacités de la planète ne fait que creuser notre dette envers l'environnement. Les agios sont déjà très salés car plus cette dette s'alourdit, plus cela coûtera cher de réparer, ce qui augmentera d'autant la dette financière.

Comme le souligne Gaël Giraud[2], économiste et prêtre jésuite, des chercheurs ont démontré la pertinence de comptabiliser la dette et les actifs écologiques et naturels, au même titre que la dette et les actifs financiers. Après tout, lequel de ces actifs est-il vital ?

2. Gaël Giraud, directeur de recherche au CNRS, économiste, ancien chef économiste de l'AFD, professeur (IEA, université de Stellenbosch, ENPC), président d'honneur de l'Institut Rousseau, docteur en théologie.

Les avancées sanitaires, alimentaires et matérielles, découlant directement du développement industriel des deux derniers siècles, ont sans conteste sorti des populations entières de l'inconfort et même de la misère. Mais l'économie ultra matérialiste aussi appelée société de consommation, issue de la mondialisation, et les modes de vie qui en découlent aujourd'hui contribuent-ils à rendre les citoyens du monde plus heureux ? Les chantres du « *business as usual* » lèveraient les yeux au ciel à cette question naïve. L'économiste français Jean Gadrey a d'ailleurs démontré[3] qu'il est délicat d'y répondre, en partie parce que le point de référence change en permanence. Et qu'au-delà d'un seuil matériel minimum, environ 15 000 dollars par an par personne, il n'est plus possible d'établir une corrélation entre le Produit intérieur brut (PIB) et le « bonheur » – ou plus exactement, le bien-être subjectif des populations des États du monde.

L'argent ne fait donc pas le bonheur, ce n'est pas nouveau. Alors pourquoi avoir fondé tous nos principes économiques et politiques sur ce critère ? Soyez heureux, consommez ! Consommez, existez ! Avouons qu'il s'agit d'une entourloupe monumentale. Plus que le casse du siècle, littéralement : « on » nous a fait croire que consommer nous rendrait heureux. C'est la belle fable que servent les quelques prédateurs de l'histoire. Et on y a cru. Oui, c'est vrai, depuis que l'argent existe, tout le monde aspire à en avoir plus, pour le supposé bien-être et, assurément, le statut qu'il confère. Mais le bonheur, lui, nous a été promis au moment où, tel Faust signant un pacte avec le diable, on a été sensible au

3. Jean Gadrey, « Le bonheur est-il dans le PIB ? », *Alternatives économiques*, 8 janvier 2008.

marketing, qui s'est insinué partout à travers nos lectures, nos loisirs et nos médias. La soif d'« avoir » n'étant jamais épanchée, elle nous impose l'achat permanent. Jusqu'à ce que la source se tarisse. La fameuse dette, donc. C'est un raccourci, mais il a le mérite d'être clair.

Lorsque nous bénéficions d'un service de meilleure qualité que le précédent, ou que nous acquérons un produit présenté comme plus pratique, plus performant, plus « joli » que sa version antérieure, tout retour en arrière pour n'importe quelle raison est ressenti comme une régression entraînant une déception. Ce décalage du point de référence s'applique à tous les domaines, dans un sens comme dans l'autre. Chaque génération d'individus possède une représentation du monde qui correspond à son époque. Au fil du temps, les choses évoluent – positivement ou négativement – sans que nous en ayons pleinement conscience dans l'instant. La satisfaction est une notion relative, qui change sans cesse.

Au début de l'électrification, le surcroît de confort apporté par cette technologie a été plébiscité, on comprend facilement pourquoi, tout comme les progrès de la médecine, fulgurants. L'accès facile à l'eau potable et l'amélioration de l'hygiène ont été des avancées déterminantes dans le confort réel perçu des individus, et avec elles, le recul des maladies. Aujourd'hui, ceux qui sont habitués à bénéficier de ces services n'y voient plus aucune « magie », c'est même devenu un acquis, un dû. Pour d'autres, c'est un droit – ou cela devrait l'être, selon les Objectifs de développement durable, les fameux ODD, définis par l'ONU. À ce jour, près de 10 % de la population mondiale n'a pas encore accès à l'électricité, ni à l'eau potable, et encore moins aux soins médicaux que nous considérons être « de base ». Des évidences au Nord, des manquements criants au Sud, pas de quoi remettre en question le paradigme dominant, puisque le Nord domine.

Sur un autre registre, les générations d'avant le début de la première ère industrielle ont connu des paysages non artificialisés et une biodiversité foisonnante. Les ont-ils appréciés à leur juste valeur ? Tout dépend de ce que l'on appelle la valeur, que l'on soit artiste, cuisinier, enfant, chasseur ou comptable.

Un enfant qui naît aujourd'hui ne connaîtra la neige que seulement quelques jours par an, et encore, à l'âge adulte, bien au-dessus de 2 000 mètres en hiver. Et les seuls insectes qu'il pourra facilement observer seront peut-être les moustiques, et ce tout au long de l'année. S'il a encore la possibilité de voyager, même vers les destinations les plus exotiques, il ne verra jamais d'ours polaires sur la banquise qui ne se formera plus, ni de coraux dans les mers du Sud. S'il a le loisir d'explorer les océans, il les trouvera vides. Et ses printemps seront silencieux[4].

Une vieille fable de souvenirs de crevettes pêchées à l'épuisette dans un estuaire breton, racontée par sa grand-mère lui fera peut-être ouvrir des yeux ronds. Et puis il retournera à sa tablette, nourri (gavé ?) de représentations virtuelles sans doute inspirées de l'époque où le vivant était la seule réalité. Il n'aura jamais l'occasion d'apprécier le véritable goût des aliments, car ceux-ci auront un autre goût véritable...

Mais tout cela lui semblera normal. Il y a même fort à parler que tout ce qui grouille et qui n'est pas dompté lui inspirera du dégoût. C'est simplement un décalage du point de référence. Et c'est aussi notre drame, car notre immense

4. Rachel Carson, *Printemps silencieux*, Houghton Mifflin, 1962.

capacité d'adaptation nous conduit finalement à accepter l'inacceptable.

Un autre exemple du point de référence ? Le désormais fameux coronavirus nous a fait, en quelques jours, mettre à l'arrêt partiel l'économie mondiale. Un ennemi invisible qu'il nous fallait combattre à grands coups de distanciation sociale et de confinement, empêchant ce que l'on croyait acquis et non négociable : nos activités économiques et nos habitudes consuméristes. Et on l'a accepté sans broncher. La moindre remise en question de certaines de nos habitudes pour raison de préservation du climat fait pourtant hurler tout le monde, ou presque. Et quelle catastrophe entraînera le plus de dommages humains, sur la biodiversité et nos économies, quel combat sera le plus cher à mener, en dollars et en vies humaines ? Mais nous sommes comme la grenouille dans l'eau tiède : nous ne savons pas réagir face au caractère insidieux du changement climatique qui, parce qu'il est lent, ne donne pas lieu à l'état d'urgence. Ni pour les personnes, ni pour les entreprises. Le virus exotique, oui. Le curseur qui fait glisser notre point de référence collectif est bien mal réglé.

La reprise sera longue et incertaine mais, pendant ce temps, notre époque va encore se caractériser par notre incapacité à nous contenter de ce que nous avons. Le système consumériste a fait de nous des éternels insatisfaits en quête du toujours plus. Ce processus savamment entretenu par la machine capitaliste se nourrit pourtant d'un mythe : celui de la fameuse croissance, sans laquelle rien ne peut plus fonctionner. Et nous continuerons à accumuler tout au long de notre vie des « avoirs pleins nos armoires », comme le chantait un artiste populaire – mais peut-être un poil nostalgique de l'avant.

## Le passé peut s'interpréter mais le futur seulement s'imaginer

Était-ce mieux avant ? Pour ceux qui nous classeraient à ce stade dans la catégorie des nostalgiques d'un état naturel qui n'existe pas, disons-le sans détour : non, ce n'était sans doute pas mieux avant. Quand même, prenons quelques minutes pour nous y arrêter.

D'abord, redéfinissons ce fameux « avant ». Avant, on était pauvre et malade, c'est bien connu. C'est vrai, quand on s'avance à évoquer un état plus vivable pour l'humanité situé quelque part dans le passé, et que l'on fait référence à un « avant », on est vite accusé de vouloir remonter, au choix, au Moyen Âge, à l'âge de la bougie ou des cavernes – selon les caricatures véhiculées par ceux qui refusent de considérer qu'il y a des limites à la gabegie dont ils profitent innocemment.

Peut-être nous classera-t-on alors dans la catégorie des utopistes. Non, nous réagissons juste comme des personnes « normales » qui profitaient jusque-là « normalement », mais qui, en se renseignant sur les sujets liés au climat, commencent à se dire que, décidément, la normalité ne va pas durer. Les participants de la Convention citoyenne pour le climat ont d'ailleurs eu la même réaction, dès qu'ils furent informés par les experts.

Mais revenons à la définition de l'« avant », qui n'est pas si loin de nous en réalité, ne pouvant pas être situé en amont de l'ère préindustrielle – la comparaison n'aurait pas grand sens, puisque ce qui a occupé l'essentiel des humains pendant des millénaires, c'est de trouver à se nourrir. Disons que, « avant », c'est plus généralement avant la télé ou les écrans, des heures et des heures par jour, abrutissant les salariés pour les transformer en oies de la consommation (j'ai tellement bossé aujourd'hui, je vais m'offrir une paire de chaussures en trois clics. Na !). Abrutissant les enfants, surtout. Ce sont de futurs consommateurs, autant qu'ils commencent le gavage tôt, non ? Enfin, sauf les enfants des *tycoons* des start-up du digital, eux, leurs parents les épargnent, parce qu'ils en connaissent trop la perversité.

« Avant », c'est avant le marketing érigé en science, et la croissance en religion, c'est avant que l'économie n'ait plus aucun sens pour le commun des mortels et que le capitalisme ne se soit emballé (précisons tout de suite que non, oser critiquer l'emballement du capitalisme n'équivaut pas à embrasser la dictature militaire, le populisme ou le communisme).

Situons donc cet « avant » avant qu'il devienne normal de sillonner la terre avec des myriades de camions fumants et la mer avec des porte-conteneurs ultrapolluants (oui, leur carburant est encore plus « sale » que celui utilisé pour les camions précédemment cités), remplis majoritairement d'objets « inutiles » (sauf ma paire de chaussures achetée en trois clics, bien sûr), d'est en ouest et du nord au sud, en fonction du cours des matières et du sens du vent de l'offre et de la demande. C'est avant que le style ne devienne mode et que la mode ne soit jetable. C'est avant qu'il ne soit possible de gagner sa vie en achetant et en revendant des actions, obligations ou tout autre produit financier plus ou moins tangible rivalisant d'opacité, via des machines préprogrammées pour suivre leurs fluctuations. Ces produits financiers n'ayant parfois qu'une valeur négative. Ces transactions pouvant être effectuées pour le compte de tiers invisibles, en vue de réaliser des profits indécents aux yeux de 99,9 % de la population mondiale. Le tout dans un délai le plus court possible, en engageant un argent qui n'est même pas le sien.

Avant que des machines, des robots, puis l'intelligence artificielle ne remplacent le plus de personnes possible dans le plus d'entreprises possible, pour que celles-ci soient toujours plus rentables, rendant de plus en plus de salariés obsolètes, sous prétexte que, si « on » ne le fait pas, d'autres le feront, plus loin. On nous brandit généralement à ce stade l'argument des Chinois en menace suprême, et de l'Europe à la traîne.

C'est avant que les métiers du *care* – assistant maternel, infirmier, professeur des écoles, auxiliaire de vie – qui ont vocation à s'occuper de nos bébés, de nos enfants, de nos malades et de nos aînés, ne soient aussi mal payés et aussi peu considérés, voire respectés. Et qu'ils ne suscitent plus aucune vocation justement. Même la fameuse pandémie, dont nous ne nous sortirons pas indemnes, n'aura été assez puissante pour que les applaudissements de 20 h se transforment en totale et définitive reconsidération par la société de ces métiers, pourtant essentiels.

« Avant », c'est avant qu'il puisse être moins cher de trouver un billet d'avion pour n'importe quelle destination en Europe, que de louer une voiture pour la journée en France. Avant qu'il soit normal de donner des poils de vache à manger à une vache. Avant que ceux qui ont de quoi se nourrir ne commencent à se demander si leur nourriture ne les rend pas malades. Bon allez, arrêtons-là cette diatribe avant qu'elle ne dégénère, si ce n'est déjà fait. Vous voyez l'esprit. Voilà, pour la définition de « avant ». Si ce n'était sans doute pas mieux avant, c'était donc différent.

Nous vivons dans ce monde, nous en profitons, comme beaucoup de personnes, et nous en supportons les revers de médaille, mais bien moins que certains, ici ou à l'autre bout du monde. C'est un constat. Plus que cela : c'est un fait.

De génération en génération, les citoyens du monde se sont adaptés aux atouts et aux contraintes de leur époque. Aujourd'hui, ce mécanisme ne fait pas exception. Nous n'avons pas au Nord, pour la plupart d'entre nous, le sentiment de vivre toute notre vie en étant malheureux, heureusement ! Mais quand une demi-seconde d'inaction laisse un sentiment de vide nous envahir, ce dernier est sauvagement combattu par l'aiguillon du sentiment de frustration, nourri par le marketing des événements artificiels (fête des mères, Halloween, le Père Noël...), les médias (c'est parti, objectif moins 5 kg pour l'été !), et la pression sociale (et toi, tu es allé où en vacances ? Tu n'es pas très bronzé, c'était bien quand même ?). Admettons-le : ce sentiment de frustration était probablement moins prégnant « avant » qu'aujourd'hui.

Ce que nous a apporté la civilisation thermo-industrielle (après l'« avant », donc), c'est essentiellement du temps gagné grâce aux machines qui nous assistent en tout domaine, et le confort matériel – qui n'est qu'un élément dans la délicate équation du bonheur.

Jean-Marc Jancovici, président de The Shift Project, indique ironiquement que la consommation énergétique globale d'un Français moyen, en relation avec son niveau de vie, équivaudrait à la production d'environ « 450 esclaves » si la fée énergie (bois, fossile, nucléaire, énergies renouvelables...) n'existait pas. L'énergie fossile surtout, ultra majoritaire à notre époque, cette grande invisible, évidente, pervasive parce que peu chère et centralisée, a su nous rendre la facilité indispensable. Aujourd'hui, sa consommation augmente aussi sûrement que le PIB. Il suffit d'une crise pour que sa consommation tombe.

Ainsi, « croissance » veut dire « plus de biens » parce que « plus d'énergie ». Et d'ailleurs, c'est bien dans cet ordre que fonctionne l'économie : si et seulement si l'énergie est abondante et bon marché, alors la croissance sera au rendez-vous...

## Un dispendieux confort matériel

Personne ne conteste le confort matériel, l'économie de la connaissance, qui a produit le progrès médical et tant d'inventions géniales, à commencer par les stations d'épuration qui ont plus fait pour sauver des vies que tous les médicaments réunis. Mais la gabegie consumériste nous a apporté le cancer du superflu, obtenu au prix d'une tragédie environnementale sans précédent dans l'histoire de l'humanité. Elle a été soutenue, le premier choc pétrolier passé, par le recours à une dette abyssale, dette que nous avons contractée et que nous serons incapables d'effacer – et que nous finirons par faire disparaître d'un coup d'ardoise magique par nécessité, précipitant par la même occasion la ruine des épargnants.

La dette écologique, pour sa part, n'a pas de bouton *reset*. Nous la transférons à cette fameuse génération *millennials* qui arrive et qui commence nettement à nous regarder de travers, nous les gens « sérieux et raisonnables », particulièrement les fameux *boomers,* qui ont géré la Terre comme si ses réserves étaient inépuisables. La recherche du toujours plus a attisé chez certains les germes de l'égoïsme et de la cupidité – sous couvert d'individualisme érigé en droit, et de saine compétition dans la liberté d'entreprendre en vertu cardinale. Jusqu'à ce que cette recherche de richesse soit élevée en vertu. « *Greed is good* » dixit un président américain encore en devenir, dans son ouvrage au succès éditorial quasi planétaire[5].

Le consumérisme dans sa version actuelle n'est-il pas l'art d'inventer en permanence des produits, souvent, dans l'unique but de démoder les précédents ? N'achetons-nous pas des choses dont nous n'avons pas besoin, avec de l'argent que nous n'avons pas toujours pour épater des gens qui s'en fichent ? Les vendeurs d'argent ont érigé le marketing de la dette en atout. Le crédit à la consommation a relancé l'économie de pays entiers, au prix de la déforestation, de ravages écologiques et de moins-disance sociale à l'autre bout du monde, contribuant à rendre l'emploi rare et cher ici, le tout pour de grandes messes commerciales toujours plus absurdes. Le vrai prix du t-shirt à 2 euros commence à se faire sentir. Partout. La bicyclette lancée, plus rien ne doit l'arrêter sous peine de chute. Mais par ici la nouvelle mode ! Impossible ou presque de résister à l'injonction de l'achat. Bienvenue dans le monde merveilleux du *Black Friday*...

## L'homme augmenté, vraiment ?

L'humanité doit l'essentiel de son exceptionnelle croissance matérielle depuis 150 ans aux énergies fossiles. Évidemment, déporter le travail physique humain sur les machines a accéléré l'économie de la connaissance, amélioré la santé

5. Donald Trump, Meredith McIver, *Trump: How to Get Rich*, Random House, 2004. Non, nous ne l'avons pas lu.

des travailleurs, tout du moins celle de leurs articulations, apporté du confort et prolongé la durée de vie. Sommes-nous devenus plus heureux pour autant ? Certains sont sur un plateau, juste avant une belle glissade en descente, un smartphone dans une main, des anxiolytiques dans l'autre.

Mais pour les techno-optimistes, l'avenir du bien-être matériel est plutôt radieux – pour les riches évidemment. D'aucuns vendent du rêve, promettant de rendre l'impossible possible : il ne s'agit rien de moins que de tuer la mort, pour les transhumanistes, et d'aller coloniser Mars (qui exactement ?), puis « rapidement » après, à des millions d'années-lumière, des planètes supposées habitables. Un fabricant de voitures, ou plutôt de « tanks » électriques, un jeune septuagénaire serial entrepreneur et un *tycoon* de la distribution et de l'hébergement de données sont engagés dans une course pour nous faire gober cette nouvelle illusion collective. Encore un peu d'eau tiède pour les grenouilles que nous sommes.

Quel paradoxe, cette foi dans notre capacité à repousser les limites de la connaissance, alors que nous sommes incapables de maintenir notre petite planète en état, et de respecter le miracle de la vie – un miracle rendu possible grâce à la batterie que l'on appelle le Soleil, et ses 5,6 milliards d'années d'autonomie. Certains tentent d'expliquer ce comportement par notre esprit de conquête génétique. Doit-il forcément se traduire par la destruction lors de l'exploration ?

Par un immense gâchis de temps et de jus de cerveau, l'humain est devenu, initialement indépendamment de sa volonté, une force géologique à lui tout seul – l'ère de l'anthropocène. Quelle arrogance pour certains, quelle ignorance pour d'autres, mais surtout quel manque de lucidité pour tous ! Nos connaissances sont encore loin de pouvoir expliquer, et encore moins modifier, le caractère implacable des lois qui régissent notre univers. Et il est improbable que cela change à brève échéance – les rêves de géo-ingénierie des scientistes les plus fous ne feront qu'aggraver notre cas.

Mini-parenthèse : on appelait scientisme, au XIXe siècle, la posture selon laquelle la science expérimentale primait sur les autres formes de connaissances, et en particulier les religions ou les superstitions. Mais, aujourd'hui, ce terme désigne aussi la croyance selon laquelle tous les problèmes auxquels l'humain est confronté ne pourront être résolus que par la science. Les scientistes techno-optimistes sont donc ceux qui « adhèrent » à une solution technique à portée de main, comme d'autres adhèrent à une religion au point de soutenir que le miracle technologique permettra de résoudre le dérèglement climatique. Un pari de Pascal pour l'humanité entière. Mais, si la science et les théories continuent d'évoluer, les fondamentaux demeurent, comme le génial Einstein aimait à le rappeler : « *En nous servant d'une comparaison, nous pouvons dire que la création d'une nouvelle théorie ne ressemble pas à la démolition d'une grange et à la construction d'un gratte-ciel. Elle ressemble plutôt à l'ascension d'une montagne, où l'on atteint des points de vue toujours nouveaux et toujours plus étendus, où l'on découvre des connexions inattendues entre le point de départ et les nombreux lieux qui l'environnent. Mais le point de départ existe toujours et demeure visible, même s'il semble plus petit et forme une infime partie de l'ample perspective acquise par la maîtrise des obstacles lors de notre aventureuse ascension* ».

## Le déni de la planète finie

Presque jamais, tout au long de son histoire, l'humain n'a en réalité respecté son environnement. Et aujourd'hui les quelques peuples autochtones ou civilisations vivant en symbiose « avec le vivant » sont tellement minoritaires qu'ils sont en voie d'extinction. La majorité a toujours plutôt eu tendance à vouloir, au mieux, profiter de la nature et de la manne qu'elle lui offre, au pire, la dominer. Encore une précision : nulle intention d'aller vivre en harmonie avec la jungle en Amazonie, ni tendance animiste en nous. Il s'agit simplement de rappeler que, *grosso modo*, si l'humain a souvent abusé des fruits offerts sans respecter son jardin, il n'avait pas, jusqu'à l'avènement des énergies fossiles, la capacité d'exploiter beaucoup plus que ce que le vivant ne peut régénérer, et encore moins de détruire irrémédiablement des écosystèmes tout entiers. Or, ces 20 dernières années, l'humanité aura réussi l'exploit d'extraire en volume plus de matières premières avec ses machines gigantesques que depuis l'avènement d'Homo sapiens sapiens, il y a 300 000 ans ! La sixième extinction de masse est en cours, directement de notre fait. Le tout malgré les cris des climatologues et lanceurs d'alerte sociaux et environnementaux, partout dans le monde. On ne pourra pas dire que l'on ne savait pas.

On peut blâmer les lobbies pétroliers bien sûr. Mais ne sommes-nous pas plus ou moins tous coupables d'avoir écouté une chanson qui nous rassurait, à notre échelle ? La dramatique erreur des économistes contemporains a été d'ignorer les faits scientifiques et même la très élémentaire arithmétique, qui ne s'occupent pourtant que de nombres dits parfaitement rationnels. Aussi rationnels qu'un financier en cravate effaçant une ligne de son bilan en échange d'une vraie forêt, qui « rapporterait » moins à la personne morale (ironie sémantique) qu'est l'entreprise à laquelle il obéit aveuglément. Les rouages implacables du pouvoir et de l'obéissance à des ordres désincarnés ne sont pas sans rappeler les mécanismes de ce que l'on appelle les heures sombres de l'humanité. « Je n'y peux rien au déboisement, moi, j'étais devant mon tableur Excel ! » Un *bullshit job* peut alimenter le désastre de la planète encore plus sûrement que la frénésie d'achats. Les deux étant les faces d'une même pièce (farce ou tragédie ?) consumériste.

Face à ce déni de la réalité de la finitude des ressources dans un monde fini, l'humanité a un choix collectif à faire. Le premier, le plus simple, celui qui ne remet rien en question : exploiter à n'importe quelles conditions les ressources encore disponibles – ce qui ne peut être réalisé sans rêve expansionniste et tensions internationales, dont un exemple presque risible s'il n'était si sérieux est celui de Donald Trump qui avait annoncé pendant l'été 2019 qu'il souhaitait acheter le Groenland au Danemark. Très concrètement, si la Chine a depuis le début des années 2000 massivement investi en Afrique, ce n'est pas pour sortir ce continent de son sous-développement en infrastructures ! Comme à l'époque des puissances coloniales, les investissements chinois et autres prêts avantageux, consentis sans beaucoup de règles éthiques, n'ont en réalité qu'une seule motivation, sous couvert d'aide au développement (émoticon levant les yeux au ciel) : garantir l'accès aux gisements de matières premières.

## L'ère des fausses croyances

Les débats autour du « plus jamais ça » pendant la crise dite du coronavirus – une crise dans la crise – n'y changeront pas grand-chose. Jamais autant de tribunes n'auront été écrites et de voix ne se seront levées pour exiger de conditionner à des objectifs sociaux et environnementaux l'aide d'État consentie aux entreprises qu'il fallait sauver dans l'urgence. Mais, à l'échelle de la planète, ce micro-débat n'aura eu lieu que dans une poignée de pays, et il a été vite balayé par l'irrépressible besoin du retour au « *business as usual* » – puisque pour l'instant le paradigme de la croissance infinie prime toujours.

Même si une ultraminorité de personnes s'agite pour voir les signes d'une reprise plus respectueuse des individus et de l'environnement, une écrasante majorité dans le monde veut juste voir une reprise. Quand bien même certains suspecteraient un éventuel rapport entre coronavirus et perte de la biodiversité, leur priorité est ailleurs. Lorsque l'on en est encore à compter les décès, chercher les coupables à blâmer, et surtout récupérer son job, on a d'autres chats à fouetter. Et c'est comme cela que fonctionnent les gouvernements : pour optimiser leurs chances de rester au pouvoir, ils doivent urgemment fouetter des chats que leurs électeurs veulent voir fouettés. Pas ceux qui sont loin, difficiles à comprendre et pour lesquels le résultat de la séance de fouet serait incertain pour la génération votante. Tout citoyen pris dans la machine veut des résultats immédiats. En l'occurrence, ici, ceux susceptibles de faire renaître la sainte Croissance.

Cette première voie consiste donc à consommer toutes les ressources, et brûler toutes les réserves restantes d'énergies fossiles. Après moi le déluge ! Cela peut, en théorie, entretenir encore quelques années l'illusion de notre modèle actuel de développement ; cela assurera à coup sûr l'accélération de la dégradation du climat. Et rendra en conséquence de manière non moins certaine les conditions de vie compliquées, voire impossibles pour les générations futures. Précisons qu'il s'agit aussi des enfants déjà là. Plus on attend, plus l'action contre le changement climatique coûtera cher, comme le soulignait déjà l'économiste Nicholas Stern dans son rapport rédigé en 2006 à la demande du ministère des Finances britannique, et qui a mis en évidence l'ensemble des implications économiques, sociales et environnementales du changement climatique – ainsi que l'évaluation des coûts économiques de l'action et de l'inaction des pouvoirs publics en réponse aux enjeux du climat[6]. Ses principales conclusions sont que 1 % seulement du PIB investi à partir de 2006 aurait déjà fortement atténué les effets des bouleversements climatiques. Mais on a continué à différer l'action, à l'échelle nationale et internationale, à quelques pays près. Pour les autres, c'est soit « *business as usual* », soit oui, mais on va s'en occuper très sérieusement (au choix, dès 2025 ou 2050, en tout cas, pas sous mon mandat). En attendant, remettons quelques bûches à la maison qui brûle !

Malgré ce fameux point de référence mouvant et notre formidable capacité d'adaptation, nous allons souffrir collectivement. Nous qui prenons les décisions pour le monde, nous, les pays favorisés, nous savons que ce sont les plus pauvres parmi les pauvres qui seront les premiers touchés. Mais les plus riches, ceux qui auront tout mis en œuvre pour profiter de leur rente jusqu'au bout, ne seront pas épargnés pour autant.

6. Pour les courageux, voici le rapport : lse.ac.uk/granthaminstitute/publication/the-economics-of-climate-change-the-stern-review/

Ce constat a été bien illustré par Forb, dans l'un de ses dessins présentant un « ancien » racontant une histoire au fond d'une grotte à ses petits-enfants, à la lueur d'un feu de bois : « *Oui, la planète a été détruite. Mais pendant un bon moment, on a créé énormément de valeur pour les actionnaires !* »

Une seconde voie consiste à tout miser sur la technologie pour espérer décarboner notre économie en s'appuyant sur la « croissance verte ». Il s'agit d'un pari très risqué, si l'approche actuelle concernant la surexploitation des ressources primaires demeure. Ce mirage consiste somme toute à dire : « ne vous occupez de rien, ne changez rien ou presque, la technologie propre va nous sauver ». Les partisans de cette voie sont souvent des personnes aussi optimistes qu'opportunistes, issues des secteurs informatiques, de la tech ou de la finance, appliquant leurs modèles au *green business* avec une approche identique : vendre un produit ou un service à la technologie complexe pour y réaliser une belle marge, si possible de manière récurrente, en recréant un modèle d'obsolescence et en générant, dans la foulée, de nouveaux besoins.

Les technologies vertes semblent incarner LA solution imparable à tous les problèmes de la planète, pour les personnes et entreprises qui auraient sans doute beaucoup à perdre à changer de perspective. Les mots sobriété ou frugalité les hérissent. Mais la nécessaire sobriété n'est pas un découplage rêvé. Ils vous disent qu'il faut vendre mieux, en ayant peur que vous ne suggériez qu'il faille bientôt vendre moins. On ne peut pas leur en vouloir. Ils vous disent que l'humain et la science finissent toujours par trouver des solutions – et se permettre d'en douter leur paraît insultant, pas tant pour eux que pour l'humanité. Ils ne sont pas arrogants ! Non, c'est juste qu'ils ne savent pas faire autrement. Et leurs actionnaires encore moins.

Ils soutiennent donc que les technologies vertes ont de beaux jours économiques devant elles. De fait, plus le climat s'emballera et plus on en aura besoin. Aubaine !

## Parole de scientifique

Mais, si nous écoutons les scientifiques – précisons : ceux qui savent de quoi ils parlent quant au sujet du climat, les climatologues –, ils nous disent qu'il va falloir sérieusement calmer le jeu sur la consommation d'énergie. Et cela fait longtemps qu'ils nous le disent. Ceux qui critiquent leur jugement sous prétexte qu'ils se trompent parfois ont raison. Ils se trompent parfois. Et toujours dans le même sens : les dégradations vont plus vite que leur modélisation. Aucun besoin de poursuivre sans fin les calculs. Nous pensons que compter sur le progrès technique pour pallier nos excès est une fable, si ce progrès n'est pas accompagné d'une remise en question de nos modes de vie. Or, malheureusement, nombre de scientistes et autres techno-optimistes, s'ils ne sont pas tous climatosceptiques, n'intègrent pas les mécanismes physiques en jeu. Il s'agit des fameux *tipping points*, ou points de basculement des écosystèmes, des limites de la capacité de charge de notre planète qui ne peut plus tolérer la surexploitation des ressources, de la complexité de la thermodynamique et de l'inertie du système Terre, du caractère systémique du climat, ainsi que des liens entre énergie et climat.

On peut tous comprendre ces phénomènes. En revanche, pour certains, la compréhension de cette complexité devient inacceptable à partir du moment où elle remet en question leurs certitudes. Et surtout la possibilité de faire des profits avec leurs trouvailles. Tout cela fait qu'il n'existe pas de solution miracle, sauf à stopper l'emballement en découplant radicalement la consommation d'énergie et l'économie. Mais est-ce seulement possible ?

Selon Pablo Servigne, co-auteur de *Tout peut s'effondrer*, mais aussi (pour ceux qui ne l'auraient pas lu et jugeraient d'emblée défaitiste le raisonnement) d'*Une autre fin du monde est possible*, il existe deux catégories d'optimistes.

– D'abord, ceux qui pensent qu'avec le temps tout finira bien par s'arranger. Donc à quoi bon s'affoler ? Pour eux, il est urgent de laisser l'économie de marché régler le problème, en permettant à la concurrence « pure et parfaite » (donc éludant soigneusement le coût des externalités négatives générées) d'opérer. Il nous semble que cette catégorie d'optimistes est souvent à l'abri de toute contingence matérielle – nulle étude ne nous permet de prouver cette allégation, seulement une observation. Il existe, on en est certain, moins de pessimistes chez les millionnaires que chez les bénéficiaires des minimas sociaux. Allez savoir pourquoi ? Toutefois, cette posture de l'autruche ne les protégera en rien des événements indésirables qui se rapprochent.

– Puis il y a les optimistes réalistes. Ceux qui n'ignorent rien des défis de l'humanité et qui s'en saisissent pour agir. Reconnaissons que cette catégorie d'optimistes représente un réel levier positif pour l'action. Nous allons en avoir besoin pour entrer dans la période qui vient.

Clarifions donc : pour nous, ce n'est pas de l'optimisme que de penser que la technologie résoudra tout demain, afin de ne rien changer aujourd'hui. C'est au mieux de l'ignorance, au pire du cynisme. Alors calmons-nous avec le *green business* symbolisé par des voitures électriques de 300 chevaux, de plus de 2 tonnes, capables d'une accélération de 0 à 100 km/h en 2,2 secondes (indispensable à l'humanité, non ?), qui sont généralement conçues pour une cible étroite dont sont exclus la plupart des individus qui, pourtant, ont eux aussi besoin de mobilité. Laisser penser que l'on pourra résoudre nos problèmes à coup de *green business*, ou de croissance verte, est une fable aussi belle et dangereuse que celle qui consiste à laisser penser que nous pourrons bientôt aller habiter sur une exoplanète.

Mais, en entreprise, questionner le *green business* est très mal vu. C'est exactement à ce moment-là qu'en général les noms d'oiseau de type « vert intégriste » ou « bobo écolo » arrivent dans la conversation. Essayons d'aller un peu plus loin – nous savons que certains entrepreneurs, quelle que soit la forme que prend leur entreprise, ont compris. Nous savons aussi que les jeunes veulent faire bouger l'entreprise. Et que les moins jeunes ne diraient pas non à certains changements de l'intérieur, si on les laissait faire. C'est pour eux que nous écrivons ce livre.

Cette longue et néanmoins nécessaire introduction touche à sa fin. Le constat est fait. Aux lecteurs qui ont tenu bon : bravo. Si vous êtes là, c'est que, comme nous, vous cherchez des solutions et une autre voie pour l'entreprise.

Cyril Dion parle de la nécessité d'inventer un nouveau récit. Rob Hopkins, dans son livre *Et si,* prône l'imagination. Pour lui, une bonne partie de notre incapacité à lutter contre le changement climatique est le résultat de notre inaptitude à imaginer d'autres façons de faire, de créer et de vivre. Dans le monde de l'entreprise, nous avons pourtant rencontré des personnes qui s'y emploient. Si changer la donne nécessite de contribuer à parler de leurs expériences pour donner envie à d'autres d'imaginer l'entreprise autrement, alors faisons-le. Parlons de l'entreprise contributive.

## Les cinq piliers de l'entreprise contributive

Prétendre créer de la valeur durable en détruisant le vivant et en contribuant au dérèglement climatique était un leurre. Nous n'avons plus d'excuse. Les débats stériles à l'heure d'une énième « relance » sont toujours les mêmes : sauvons le monde d'avant ! Comment pouvons-nous encore penser tirer sur la corde ? La valeur aujourd'hui ne peut avoir de sens que si elle est basée sur la généralisation globale d'impacts positifs, et la disparition totale des impacts négatifs. Si vous regardez un paysage non encore altéré par l'humain, vous ne verrez pas de fumée toxique, ni de déchets ultimes, vous n'observerez pas qu'une espèce s'accapare tout un territoire... Cette merveilleuse symbiose, fruit de l'évolution, est le modèle imaginaire de l'entreprise contributive. Et c'est le vrai sens de la création de valeur véritablement durable. Cela vous semble trop « poético-idyllique » pour être vrai ? Peut-être, alors de façon plus terre à terre : l'entreprise contributive met tout en œuvre pour laisser l'environnement propre et net derrière elle. Et cela lui convient bien.

L'entreprise contributive considère que sa responsabilité première est de veiller à l'entretien de son environnement, et au-delà, à sa régénération. Il ne s'agit plus de faire « mieux », en étant « moins » impactant négativement, tendant vers un delta « neutre ». Il faut désormais faire « bien ». Et cela impose de faire « autrement ». Ce fondement est condition de survie de l'entreprise, mais aussi de succès. L'entreprise contributive est un idéal, mais rien n'interdit de le viser. Après tout, d'autres visent bien la Lune... ou Mars.

Ceci n'est pas un énième livre de management, ni un ouvrage sur le développement durable, fusse-t-il en entreprise, mais – en toute simplicité et modestie – un manuel qui a pour vocation à devenir l'ouvrage fondateur d'une nouvelle façon d'envisager le business ! Et, osons carrément le dire, de redonner du sens au progrès. Ainsi, nous voulons être le plus concret possible. Nous voulons démontrer que « faire autrement » en appelle à une autre forme d'innovation : celle qui oblige à remettre en perspective l'activité, sous le double prisme de l'utilité réelle pour les parties prenantes – et ce, dès aujourd'hui, sans hypothéquer le cadre de vie des générations futures – et de l'utilisation des ressources naturelles à l'aune des fondamentaux scientifiques.

Qui sont ces fameuses parties prenantes dont on parle sans cesse ? Salariés, clients, actionnaires, fournisseurs, partenaires, associations, communautés locales, voisinage, institutions... Toute personne ayant peu ou prou un intérêt dans l'entreprise, ou sur laquelle l'entreprise a un impact potentiel, que cette personne y soit liée contractuellement ou non.

Mais comment « faire autrement » ? Parenthèse : faire autrement n'est pas anecdotique, c'est une condition préalable. Nous ne pensons pas que les grands chefs à plumes qui s'expriment chaque année à Davos, faisant converger leurs *jets* privés, veulent réellement faire autrement. Nous, nous parlons de vraiment baser les affaires sur d'autres modèles. Nous n'avons pas les solutions clés en main, évidemment. Mais si la nature de l'être humain est de repousser les frontières, d'aller plus loin, de prendre des risques et de tout donner, alors cette nature peut s'exprimer sur le chemin de l'entreprise contributive.

Faire autrement est un processus itératif. Il faut bien commencer, se fixer des objectifs ! Mais il faut surtout une méthode, car un but sans méthode est un non-sens. Comme au Rubik's Cube®, on peut y arriver en mode *test & learn,* mais ce sera un peu long ; ou on peut regarder les *tutos* et s'y coller sérieusement.

Certaines entreprises « naissent » plus vertueuses que d'autres. Certaines peuvent avoir identifié un besoin et se construire autour. On pourra les taxer d'opportunisme, elles le méritent ! Elles ont tout compris et elles le prouvent : par exemple, dans le secteur des cosmétiques, Justine Hutteau a identifié que les consommateurs n'avaient plus confiance dans les produits de soin, comme les déodorants ; elle a donc créé Respire.

D'autres tentent, à travers leur propre aventure entrepreneuriale, de répondre à une aberration : Thomas Huriez, fondateur de 1083, s'est indigné de la perte de valeur de toute la chaîne textile en France, source de chômage ici et de pollution partout. Quant à Bert Van Son, fondateur de Mud Jeans, lui-même issu du secteur de la *fast fashion,* il a voulu appliquer les principes de l'économie circulaire et du réemploi à la fabrication de ses jeans.

Mais, pour la plupart, il faudra changer la roue en roulant. Comment procède-t-on sur une chaîne de production morcelée ? Comment fait-on quand le management en place n'est pas conscient, et continue d'avancer tel le funambule au-dessus d'un abîme ? Quand on travaille dans un grand groupe ? Ou dans une société cotée en bourse ? C'est plus compliqué, forcément.

Changer les modèles d'affaires, changer le management, changer le design, changer les achats, changer la mesure de la performance, changer la reconnaissance, ... : tous les facteurs sont concernés. Et tous les secteurs d'activité aussi. Bien entendu, il faut que le patron soit convaincu : il ne se passera pas grand-chose s'il ne l'est pas. Mais il ne faut pas attendre de lui qu'il trouve les solutions qui essentiellement sont dans la tête de ceux qui font !

À ceux qui prétendront que les sondages des consommateurs sur les envies de produits responsables sont contredits par leurs achats – la fameuse schizophrénie des clients –, nous répondrons au contraire que les clients considèrent l'entreprise contributive comme un besoin latent.

Pour tous ceux qui veulent changer leur entreprise de l'intérieur ou se lancer dans l'entrepreneuriat : c'est une aventure semée d'embûches. Mais c'est certainement la plus belle que l'on puisse mener si l'on veut réconcilier ses convictions avec ses actions. Il s'agit de suivre, en même temps, les cinq fondamentaux de l'entreprise contributive. Peu importe l'ordre, pourvu que tous les leviers soient actionnés et que l'on se pose les bonnes questions, à toutes les étapes.

Les cinq leviers sont :

1/ L'alignement sur les faits scientifiques – socle des quatre leviers suivants

2/ La raison d'être au service du bien commun

3/ Le modèle d'affaires contributif

4/ Le système de management par la valeur perçue

5/ La valorisation de l'immatériel

# 1
# L'alignement sur les faits scientifiques

*« La vérité scientifique sera toujours plus belle que les créations de notre imagination et que les illusions de notre ignorance. »*

Claude Bernard

La seule condition de la durabilité sincère est d'aligner son mode de vie, en tant que personne, ou sa stratégie, pour une entreprise et *a fortiori* pour un pays, sur les faits scientifiques.

Permettons-nous une petite digression. Dans notre culture, la science est omniprésente et l'argument scientifique est (littéralement) brandi par tout le monde, pour défendre des avis opposés. Pesticides, énergie, santé : la science est apparemment un outil que l'on fait parler comme on veut, ou presque. Dans ce livre, nous nous référerons aux recommandations du Groupe d'experts intergouvernemental sur l'évolution du climat (GIEC), mais aussi à celles de la Plateforme intergouvernementale scientifique et politique sur la biodiversité et les services écosystémiques (IPBES).

Le GIEC est la référence en matière de science du climat. Cet organisme est né à la fin des années 1980, sous l'impulsion du programme des Nations unies pour l'environnement et de l'Organisation météorologique mondiale. Pied de nez de l'histoire, comme le souligne Nathaniel Rich dans son bien nommé ouvrage *Perdre la Terre*[7], l'idée du GIEC est née sous Thatcher et Reagan, les ultralibéraux conservateurs qui déjà redoutaient les effets du changement climatique sur le business, mais n'auront rien écouté des premiers lanceurs d'alerte. Un peu comme si on créait un Haut-Commissariat pour le climat ou une Convention citoyenne pour ne surtout pas suivre leurs recommandations.

Depuis 30 ans, là où aucune gouvernance mondiale ne fonctionne pour soigner notre maison commune, le GIEC fait figure d'exception, avec une position de vigie – et parfois de Pythie – unique. Il n'a pas pour mandat d'entreprendre des recherches lui-même. Il doit en revanche évaluer, de façon neutre, les travaux d'ordres scientifique, technique et socio-économique existants. La manière dont les scientifiques y travaillent, en auto-évaluation critique, est d'ailleurs une exception. Le GIEC a donc pour objet de rassembler, comprendre, restituer et, à travers ses rapports, expliquer et éclairer la société civile, économique, et la politique mondiale sur les sujets liés au dérèglement climatique. Il s'agit d'en cerner l'ampleur, d'envisager les conséquences possibles pour les écosystèmes et l'humain, et de présenter des *scenarii* pour des stratégies d'adaptation et d'atténuation. Bien que régulièrement contestées, notamment pour

7. Nathaniel Rich, *Perdre la Terre. Une histoire de notre temps*, Éditions du Seuil, 2019.

des raisons politiques, les évaluations de ce groupe sont fondées sur les publications scientifiques et techniques dont la valeur est largement reconnue. Bien sûr, au vu de l'ampleur des travaux évalués, des « erreurs » ou « approximations », ou encore des débats sur les interprétations sont possibles. Néanmoins, globalement, les recommandations sont unanimes et les faits évalués avérés. Et lorsque des erreurs apparaissent, c'est généralement pour finalement reconnaître que la réalité s'avère pire que les modèles prévisionnels… Osera-t-on un jour attaquer le GIEC en justice pour n'avoir pas été assez alarmiste ?

Selon nous, ce sont autant d'arguments pour insister sur le caractère urgent du sujet. Voilà donc l'unique science à laquelle nous ferons référence dans cet ouvrage.

## Le caractère implacable des faits

L'entreprise contributive est celle qui veillera à aligner ses actions sur les faits scientifiques. Ignorer ce postulat conduit l'humanité sur une pente mortifère, et vers la destruction des services écosystémiques et l'épuisement des ressources, les deux étant étroitement liés. Et cela, on en conviendra, ne peut être « bon pour le business ». Il devient de plus en plus étonnant de lire des slogans tels que « la compétitivité doit être la priorité des politiques climat ». Sinon quoi ? Les politiques climat ne peuvent pas être soumises à la compétitivité, c'est un non-sens. Le climat et la biodiversité sont régis par des principes physiques. Ce sont eux qui vont conditionner la pérennité de votre business et donc sa compétitivité, pas l'inverse. À l'entreprise de respecter sa trajectoire climat dans l'univers des possibles de son modèle d'affaires.

Certes, nous savons que c'est un comportement humain banal de ne pas comprendre une chose lorsque la survie à court terme pour certains, ou le salaire, la carrière, le pouvoir, le statut et même la fortune pour d'autres, dépendent justement de cette incompréhension. Donc au fond, on comprend, mais en surface, on passe outre.

L'objectif est de réussir à aligner l'économie dans son ensemble sur ce que la Terre peut nous donner, sans pour autant mettre en péril les systèmes, comme le présente Kate Raworth avec la théorie des donuts – ou *donut economics*.

Pourquoi ne réussit-t-on pas à prélever simplement ce dont nous avons besoin sans entamer les ressources futures ? Quatre raisons principales peuvent l'expliquer.

## 1. La métrique de la performance des entreprises n'intègre pas le coût réel des matières premières et des services rendus par la nature.

Le prix des matières premières fluctue selon la spéculation, la demande, et surtout le coût d'extraction, donc la facilité d'exploitation partout dans le monde. En réalité, la déplétion d'une matière première n'est pas toujours synonyme de hausse du prix – tant qu'il en reste encore. C'est surtout la hausse des investissements pour la découvrir ou en sécuriser l'accès qui démontre l'évolution de sa rareté. Nous l'observons tous les jours avec les oscillations du prix du pétrole qui, malgré sa déplétion largement entamée, ne trouve pas dans le prix du baril une augmentation linéaire de son coût.

Ainsi le pétrole conventionnel devient rare, mais ce n'est pas grave. On investit des milliards de dollars en prospection et dans de hautes technologies d'extractions alternatives – telle la fameuse fracturation hydraulique qui a fait mentir le Club de Rome en reculant le pic pétrolier conventionnel, mais qui se révèle surtout très polluante et néfaste aux écosystèmes. Dans les faits, jamais une « provision pour réparation des externalités négatives » n'est prise en compte – qualité de l'air, réchauffement climatique, acidification des océans : tout cela ne concerne pas les industries extractives à la hauteur des conséquences réelles. L'exploitation des ressources non renouvelables, par tout type de méthodes conventionnelles ou non conventionnelles, conduit inexorablement à un pic d'extraction, puis à une disparition totale du stock, que ce soit par combustion, par dispersion, sans parler de l'incapacité à récupérer des molécules lorsque celles-ci sont trop diluées ou subissent des transformations chimiques.

Toutes les ressources non renouvelables sont concernées, à commencer par les énergies fossiles, et l'ensemble des minéraux du tableau de Mendeleïev. Aux paramètres précédents, constitutifs de leurs prix, on peut ajouter la situation géopolitique, ou bien les conditions sanitaires et environnementales. Ces facteurs déterminent la réduction ou la réouverture des « gisements » en fonction de l'aspect stratégique de ces ressources pour le pays dans lequel elles sont extraites, ou de l'acceptabilité des conditions de recherche.

Alors pour pouvoir jouir dans la durée des ressources non renouvelables, nous n'avons pas d'autres choix que d'intégrer, dans leur coût d'usage, celui de leur recyclabilité – et donc de prendre en compte ce paramètre dans les choix technologiques associés à leur utilisation. Or cette disposition technique, comptable et organisationnelle est encore à ce jour quasi inexistante.

Le problème des énergies fossiles, plus particulièrement, est différent, leur valeur tenant uniquement à leur destruction par combustion dans les moteurs thermiques. La matière première pétrole utilisée par exemple pour fabriquer le plastique, finit, elle aussi, par disparaître, ne supportant guère plus de deux tours de recyclage. Le tout finissant littéralement dans la nature.

Compte tenu du défi climatique, la raison nous impose de stopper le plus rapidement possible l'utilisation des énergies fossiles, en tout cas pour l'usage dispendieux actuel qui en est fait. On pourrait imaginer en limiter strictement l'utilisation à quelques usages ultra ciblés. L'important étant que l'essentiel du stock disponible demeure où il est, c'est-à-dire dans les entrailles de la terre. Il en reste beaucoup trop pour que l'on attende leur déplétion totale pour espérer respecter les objectifs de l'Accord de Paris. Et ce, au niveau mondial, malgré les tensions géopolitiques et le poids économique de ces ressources pour certains pays. Pour cela, seules deux solutions sont réellement efficaces : interdire leur exploitation (or aucune instance mondiale n'en a pour l'instant le pouvoir) ou taxer significativement et progressivement ces ressources pour dissuader leur utilisation – la fameuse taxe carbone ou mieux encore l'adoption de la règle des avaries communes promue par Blanche Segrestin. Cela permettrait à l'efficience énergétique, encore plus qu'aux énergies alternatives bas carbone, de trouver leurs modèles économiques respectifs. Mais le coût du travail étant pour l'instant toujours considérablement plus cher que le coût de « l'esclave-pétrole », nous n'en sommes pas là.

En revanche, il est possible en théorie d'exploiter les ressources renouvelables « à l'infini », à la double condition de leur laisser le temps de se renouveler et de ne pas détruire les écosystèmes permettant leur développement. On parle bien ici d'écosystèmes complets. Les forêts mono-espèces vides de biodiversité ou les banques mondiales de graines ne sont en aucun cas des alternatives crédibles, pas plus que la planification d'une exploitation végétale ou animale – qui prévoit que telle ou telle espèce pourra être élevée *in vitro* ou sous serre si leur habitat naturel n'existe plus. Si ces conditions ne sont pas respectées, les espèces végétales et animales disparaîtront à jamais. La fable des techniques biologiques et génétiques pouvant laisser espérer que nous parviendrons un jour à « ressusciter » des espèces disparues ne peut plus tenir. Quel type de structure s'y engagerait ? Un acteur privé ? Pour le bénéfice de quelle élite ? Un acteur public ? Avec quel argent ? Soyons sérieux – le sérieux étant du côté pragmatique du respect du vivant, pas de sa mise sous cloche.

Chaque espèce a une valeur – et même de nombreuses formes de valeurs. Incontestablement, chacune a une valeur scientifique ou technique. Les laboratoires sont aujourd'hui capables de puiser dans le vivant pour soigner les êtres ; tandis que, via le biomimétisme (*bio* signifiant vie et *mimesis*, imiter), les ingénieurs, designers et techniciens peuvent trouver d'inépuisables sources d'inspiration pour innover et créer. Évidemment, cette source de brevets et d'innovations actuelle et future est en train de se tarir à mesure que les espèces disparaissent, de notre fait. On se prive donc de solutions pour le futur, qui peuvent également générer du business. On a donc tout intérêt à préserver les océans ou protéger les dernières forêts primaires, et les millions de formes de vies qu'ils contiennent.

Si on prend conscience que « protéger les écosystèmes » est profitable, alors on aura fait un pas – si et uniquement si ce « profitable » l'est pour tous, aujourd'hui et demain. Mais ce raisonnement, même s'il est juste, est, il faut bien l'avouer, très fragile. On ne cesse de nous avertir, chiffres à l'appui, qu'il revient moins cher de protéger les écosystèmes et le climat que de régler les factures des problèmes à venir. À titre d'exemple, le CDP[8], l'organisation internationale à but non lucratif référente sur le sujet du *reporting* extra-financier, a révélé fin 2019 que 200 des plus grandes entreprises cotées au monde ont prévu que le changement climatique pourrait leur

8. cdp.net

coûter près de 1 000 milliards de dollars[9]. Le WWF a quant à lui calculé que le coût économique du déclin de la biodiversité dans 140 pays s'élèverait à 479 milliards de dollars d'ici à 2050[10]. Mais l'investissement et la facture sont situés dans des espaces temps différents, alors même que, finalement, le payeur et le créditeur – et, faut-il le rappeler, la victime – sont une seule et même personne : le citoyen.

Au-delà d'un prix hypothétique ou réel, chaque espèce porte en elle une autre valeur, une valeur intrinsèque qui existait avant l'humain. Cette valeur, nous avons du mal à la voir et à l'intégrer dans nos raisonnements. Ne peut-on être ému par la beauté de chaque créature ? Ne sommes-nous pas parfois admiratifs du vivant ? Ne devrions-nous pas avoir un respect infini pour chaque espèce, parce que son existence, antérieure à la nôtre, prouve sa capacité d'adaptation et sa parfaite intégration à son écosystème ? Ne devrions-nous pas respecter son intégrité dans l'univers du vivant ?

Sans prôner la survie de chaque moustique, évidemment, sans verser intégralement dans l'anthropomorphisme ou le spécisme (ni pour autant rejeter en bloc les valeurs que portent ces mouvements et leur utilité dans la prise de conscience, merci L214[11]), ne peut-on pas respecter ce qui est vivant, pour l'unique raison que c'est, précisément, le vivant ? Sans verser dans le mysticisme, ne peut-on pas reconnaître que chaque espèce fait partie d'un tout et que déséquilibrer ce tout est une

---

9. CDP, « World's biggest companies face $1 trillion in climate change risks », juin 2019. cdp.net

10. WWF, « Un nouveau rapport du WWF révèle que le déclin de la nature coûterait près de 500 milliards de dollars par an d'ici 2050 », 12 février 2020. wwf.fr

11. L214, association de protection animale. l214.com

folie ? Sans vouloir être donneur de leçons, ne peut-on pas s'efforcer de prendre nos leçons, justement, dans la nature, comme le préconisait Léonard de Vinci ? Ou, devrait-on dire, *de* la nature ? Ne peut-on simplement faire preuve d'un peu d'humilité ? Où avons-nous appris qu'il nous fallait dominer le vivant ? L'écrivain Alain Damasio rappelle que notre ligne d'horizon depuis le néolithique est le contrôle… et cet horizon est notre malédiction[12].

À quel moment pensons-nous que le droit d'anéantir des espèces, fruits de millions d'années d'évolution, a été conféré à une seule espèce qui se cherche encore ? Nous sommes des humanistes, dans le sens où nous pensons que l'humain devrait s'épanouir et vivre dignement. Et c'est pour cela que nous avons d'autres ambitions pour lui que de s'auto-détruire. En tant qu'espèce et en tant qu'individu, cela nous indigne. Et en tant qu'entreprise ? L'information glisserait-elle comme de l'eau sur les plumes du COMEX (ce bel oiseau, le fameux COMité EXécutif, composé des principaux dirigeants de l'entreprise) ? La fameuse excuse du « c'est pas moi c'est l'autre » (l'autre étant, au choix, le boss, l'actionnaire, le directeur financier, le client, le concurrent, « le Chinois », voire tous en même temps) n'a-t-elle pas fait long feu ? Apparemment, non.

En attendant que nous devenions plus sages et apprenions à mieux nous intégrer dans notre propre écosystème pour notre propre bien, nous célébrons, un peu plus tôt chaque année depuis 1970, le « jour du dépassement ». Celui-ci symbolise le jour de l'année à partir duquel l'exploitation des ressources terrestres dépasse la capacité de régénération naturelle de ces dernières. En 2020, ce jour fut le 22 août

12. Alain Damasio, *Les Furtifs*, La Volte, 2019.

– 3 semaines plus tard (seulement) que d'habitude à cause ou grâce à la pandémie mondiale. Cela signifie que nos modes de vie, ou plus exactement celui des pays dits développés, ont besoin de 1,7 planète pour vivre. La traduction en est la surexploitation des forêts, des réserves halieutiques, des terres cultivables... Autrement dit, une dette écologique que nous ne pourrons jamais rembourser.

Notons que nous sommes la seule espèce à être capable de manger plus que ce que la nature nous offre. Et ce, en partie parce que nous avons inventé le concept – hors sol ! – de dette. Pourtant, lorsque nous aurons abattu le dernier arbre et pêché le dernier poisson dans l'océan chargé de plastiques, nous nous apercevrons rapidement que l'argent n'est pas comestible, comme nous mettait déjà en garde le chef Sitting Bull à la fin du XIXe siècle.

Cet *overshoot day*, ou jour du dépassement, n'est pas anodin. Il est là pour nous rappeler que non, le système économique globalement en place ne sait pas gérer la ressource, n'a pas respecté les bases des faits scientifiques. On est tellement habitué à vivre à crédit, individuellement ou collectivement, que peu d'individus s'en émeuvent. Pourtant, à qui vole-t-on les ressources sans aucune intention ni même capacité de leur restituer leur dû ? À nos enfants, bien sûr. À eux d'annuler la dette (économistes et financiers du futur, imaginez donc la formule magique) ou d'inventer des solutions (techno-optimistes, faites chauffer les brevets, on a besoin de vous !).

## 2. L'illusion de l'importance des stocks disponibles et facilement accessibles.

Lors de la première ère industrielle, au début du XIXe siècle, le sujet de la préservation des ressources était inexistant, tant elles semblaient infinies. Comme mentionné dans *Sapiens : Une brève histoire de l'humanité*[13] de Yuval Noah Harari, ou dans *Effondrement*[14] de Jared Diamond, en réalité les communautés humaines dites développées ou se développant, à l'exception de quelques tribus, n'ont jamais véritablement pris soin de leur environnement. La soif de richesses, couplée à la mécanisation des 200 dernières années, a décuplé la force de l'humain. En lui conférant, comme Nietzsche l'avait rêvé, une puissance littéralement surhumaine. « L'énergie facile » a créé une capacité de destruction visiblement impossible à stopper.

13. Yuval Noah Harari, *Sapiens : Une brève histoire de l'humanité*, Albin Michel, 2015.
14. Jared Diamond, *Effondrement*, Gallimard, 2009.

L'humain, comme les autres animaux, même s'il refuse de l'admettre, vit au présent, et son cerveau n'est pas configuré pour prendre en compte le long terme. Certes, nous sommes capables de nous projeter, d'anticiper, de prévoir, de faire des réserves, des économies, de prendre des assurances-vie et de mettre la nourriture au congélateur. Mais on ne voit pas vraiment plus loin qu'un écureuil. Lui, au moins, sème en oubliant une partie de son butin caché. La preuve ? Il a fallu attendre les travaux du Club de Rome – ce groupe de réflexion qui réunissait scientifiques, économistes et industriels de 52 pays –, et la publication du célèbre rapport Meadows « The Limits of Growth » (en français, « Halte à la croissance »), en 1972, pour enfin prendre conscience de notre erreur. Sans pour autant en tenir compte, pas plus que nous tenons compte des rapports successifs des 2 500 scientifiques du GIEC qui nous alertent en vain depuis plus de 30 ans.

C'est donc contre toute logique que l'humain, en tant qu'espèce, prend tous les jours en conscience des décisions mortifères pour lui-même. Et qu'il s'en accommode, en tant qu'individu, par conformisme, confort, égoïsme, ou le plus souvent, ignorance. En tant que salarié, commerçant, *free-lance* ou chef d'entreprise, il est coincé entre des injonctions contradictoires et choisit le plus souvent d'ignorer ce qui lui déplaît ou ce qui lui semble ne pas être de son ressort. En attendant, nos problèmes ne vont pas se régler tout seuls. Ce n'est pas en cherchant des exoplanètes que nous nous en sortirons ici-bas. On ne peut pas tricher indéfiniment, ni avec les lois physiques, ni avec les mathématiques, ni avec la nature à laquelle, quoi qu'en disent ceux qui préconisent sa domestication, nous appartenons et avec laquelle nous faisons corps – si elle est malade, nous aussi. Sans vouloir faire de rapprochement trop rapide, les zoonoses[15] en sont des exemples flagrants.

Le plus terrible, compte tenu de la rémanence des gaz à effet de serre (GES) dans l'atmosphère, c'est que l'humanité et plus généralement les écosystèmes vont souffrir encore des milliers d'années du dérèglement climatique provoqué par l'humain en seulement 150 ans – quand bien même n'émettrions-nous plus aucun $CO_2$ dès demain. Ce qui est loin d'être le cas, les tendances étant globalement et systématiquement haussières – mis à part l'épisode du Covid-19 entraînant l'arrêt partiel de l'économie et donc des émissions de GES, faisant d'ailleurs craindre aux plus éclairés un effet rebond.

## 3. L'incapacité de notre gouvernance mondiale à accepter ne serait-ce que l'idée d'une fiscalité écologique.

L'ONU climat a peu de chance d'arriver à imposer des règles contraignantes communes pour tous les pays du monde. Règles qui permettraient peut-être une régulation efficace parce que prises ensemble. La métaphore de Nicolas Hulot sur la difficulté des assemblés de copropriétaires à aboutir à un consensus s'applique également aux réunions onusiennes et autres Conférences des parties (COP). Quand bien même ces règles communes existeraient un jour, on peut douter de la capacité de ces organismes supranationaux, qui ne disposent de quasiment aucun moyen, ni incitatif ni coercitif, à les faire appliquer. De façon pragmatique, force

15. Maladies ou infections qui peuvent se transmettre des animaux à l'humain, et inversement.

est de constater que COP après COP, on s'enfonce, la police mondiale du climat n'existe pas.

## 4. La culture de l'accumulation.

Réflexe de survie il y a des milliers d'années, s'agissant de faire des réserves, quelle excuse a-t-on aujourd'hui pour accumuler ? Reconnaissons qu'il s'agit surtout de combler un grand vide. Pas besoin d'en dire plus à ce stade, ce constat imbibe le livre : on parle d'entreprise, donc de biens et de services à vendre et à acheter.

Ces quatre raisons font que le monde est ce qu'il est, que les émissions de GES explosent. Comment réconcilier notre nature humaine, la raison d'exister de l'entreprise avec le système Terre ? Comme nous ne sommes ni sociologues, ni psychologues, ni anthropologues, ni politiques, nous nous concentrerons sur les marges de manœuvre de l'entreprise.

L'environnement, que cela nous convienne ou non, est toujours la variable d'ajustement de l'économie de marché. Seuls les coûts humains et le *dumping* social sont plus ou moins pris en compte. Ainsi assistons-nous depuis des décennies à des aberrations dans le transport des marchandises, qui pour la fabrication d'un produit peut conduire à faire faire plusieurs fois le tour de la planète à tout ou partie de ses éléments constitutifs.

La pollution induite par ce transport est gigantesque : environ 25 % des émissions de $CO_2$ mondiales[16], auxquelles

16. Selon l'Agence internationale de l'énergie (AIE) (International Energy Agency en anglais, ou IEA), organisation internationale dépendant de l'OCDE. https://www.iea.org/reports/tracking-transport-2020

il faut ajouter les particules, les émissions soufrées, le bruit, l'énergie grise[17] requise pour la fabrication des infrastructures de transport, des ports, des centres logistiques... Que ce soit sur mer et sur terre, le constat est identique, le pire étant le fret aérien. Est-ce que le service achat intègre ce paramètre en faisant ses commandes ? À prix égal, et sans taxe carbone, certainement pas ! C'est précisément la raison pour laquelle le ballet des camions et des bateaux, contenant les mêmes produits, engendrant les mêmes dégâts environnementaux, et au passage, de gros dégâts sociaux, n'est pas près de s'arrêter.

Et cela ne semble pas choquer grand-monde, en tout cas pas assez. Collectivement, nous l'approuvons, via de gros traités internationaux, sous couvert de règles du marché immuables ou presque. Pourtant, individuellement, ne trouvons-nous pas aberrant d'envoyer des moutons de part et d'autre de l'Atlantique, entre pays respectivement producteurs, en fonction des cours et de la nature des accords ? Pis, en fonction de l'humeur politique des pays les uns envers les autres ? Le tout, toujours au détriment des écosystèmes, des animaux et, faut-il le rappeler, des éleveurs.

Le fameux mais néanmoins trompeur argument du pouvoir d'achat tiendra-t-il encore longtemps ? Qui gagne à tirer les prix vers le bas dans le prétendu intérêt du consommateur, si ce n'est la marque et sa sacro-sainte marge ? En outre, si nous soutenons directement l'aberration des prix bas, nous trouvons aussi plus simple de commander via des plateformes globales aux pratiques commerciales, fiscales et RH plus que

17. C'est-à-dire l'énergie primaire nécessaire à la production ou l'extraction de chaque produit ou matériau composant cette infrastructure.

douteuses (développer ferait l'objet d'autres livres, certains excellents existant déjà, nous ne pouvons que vous les recommander[18]). De même, nous ne sommes pas très regardants sur l'origine de nos achats, plus attirés par la mode – qui, contrairement au style, n'est que l'injonction sociétale de l'obsolescence du vêtement – et l'irrésistibilité du prix. Que celui qui n'a jamais, à l'occasion des soldes, pensé « je n'en ai pas besoin, mais à ce tarif, j'en prends deux... » nous jette la première pierre ! Le *low cost* tue, littéralement.

À l'occasion de la Fashion Week virtuelle 2020, le site de vente de vêtements éthiques We Dress Fair a lancé une campagne pour sensibiliser le consommateur au vrai prix des vêtements à bas coût. Visuels et slogans très bien trouvés : une petite fille, innocente et rêveuse, tout de vert vêtue, dans un décor vert, où l'on peut lire « cette combishort est produite dans des conditions inhumaines pour un salaire dérisoire » et en plus petit « mais c'est écrit en vert ». Un autre visuel présente un randonneur aventurier, qui regarde au loin, dans un paysage nordique enneigé, où une fausse publicité indique : « ce bonnet est un mélange de coton-pesticide et de polyester-pétrole », et en plus petit « mais nous reversons 1 % de nos bénéfices à une association ». Cette campagne est ingénieuse car elle a le mérite de nous mettre face à nos contradictions, tout en décryptant les ressorts de certaines pubs et la facilité avec laquelle on nous fait croire n'importe quoi.

Ce phénomène, généralisant la moins-disance sociale et environnementale sous le prétexte fallacieux du pouvoir

18. Jean-Baptiste Malet, *En Amazonie : infiltré dans le « meilleur des mondes »*, Fayard, 2013 ; ou Benoît Berthelot, *Le Monde selon Amazon*, Le Cherche Midi, 2019.

d'achat du consommateur, est un leurre qui nous guette partout, favorisé par les accords de libre-échange et la dérégulation associée. Ces derniers ne sont que des accélérateurs du suicide environnemental – et donc, ne nous cachons pas derrière notre petit doigt *corporate*, de notre propre disparition. Si la science sans conscience n'est que ruine de l'âme, l'économie sans conscience n'est qu'huile de palme[19] !

## Le vivant comme variable d'ajustement

Oui, les émissions de GES entraînent de nombreux dégâts. On a cité la pollution, les risques sur la santé en sont un autre, tout comme l'effondrement de la biodiversité, plus ou moins directement. Lors de l'assemblée plénière de l'IPBES[20], les spécialistes ont annoncé des chiffres catastrophiques en termes d'érosion de la richesse du vivant : 60 % des populations de vertébrés ont disparu en seulement 40 ans. Pour les insectes et les oiseaux, les seconds dépendant grandement des premiers, l'hécatombe est encore plus spectaculaire et les phénomènes d'extinction s'accélèrent. Le Cornell Lab of Ornithology et l'American Bird Conservancy ont annoncé fin 2019 les résultats alarmistes d'une vaste étude publiée dans la revue *Science*. Peu de temps auparavant, en Allemagne cette fois, une étude menée pendant près de 30 ans par des entomologistes de Krefeld

19. Ce trait d'humour, pas évident il faut bien l'admettre, fait partie d'une panoplie de blagues « développement durable » ayant pour but de décrisper l'atmosphère dans les cercles verts, mais peu apprécié en dehors de notre microcosme, on ne comprend pas bien pourquoi.
20. IPBES, Intergovernmental Science-Policy Platform on Biodiversity and Ecosystem Services, ou en français Plateforme intergouvernementale scientifique et politique sur la biodiversité et les services écosystémiques, groupe international d'experts de la biodiversité.

dévoilait que 76 % des insectes volants avaient disparu[21]. Et si cette étude n'était pas assez scientifique, car conduite par un groupe d'entomologistes amateurs, une méta-étude encore plus récente, parue en février 2019 et synthétisant 73 études[22], détaille l'effondrement, partout dans le monde, de cette faune peu étudiée, mal-aimée, bien que riche et cruciale à notre vie à tous. Si le sort des abeilles fait régulièrement l'actualité, ces études ont le mérite de souligner que tous les insectes sont touchés. Ce ne serait pas très scientifique de notre part d'extrapoler les résultats de ces études à tous les continents, ni même de soutenir que les deux phénomènes sont liés, mais nous nous permettons tout de même de remarquer que partout en Occident, ou presque, les printemps deviennent silencieux[23] et les pare-brise bien propres.

Tous ces éléments sont bien connus. Mais « savoir » ne signifie pas « agir ». Et ceux qui veulent agir sont parfois décontenancés : par où commencer ? L'action individuelle en tant que consommateur ou en tant qu'entrepreneur peut-elle infléchir la tendance ?

Rappelons que c'est l'énergie qui pilote l'activité économique, bien avant le travail et le capital, et que le mix énergétique mondial est d'origine fossile à plus de 80 %. Ne retenons qu'un seul objectif : celui de l'Accord de Paris, signé à l'occasion de la COP21. Pour maintenir le réchauffement climatique et ses dégâts collatéraux au-dessous des 2 °C,

---

21. Caspar A. Hallmann *et al.*, « More than 75 percent decline over 27 years in total flying insect biomass in protected areas », PLOS ONE, 18 octobre 2017.
22. Francisco Sánchez-Bayo, Kris A. G. Wyckhuys, « Worldwide Decline of the Entomofauna: A Review of its Drivers », *Biological conservation*, Elsevier, avril 2019, vol. 232, p. 8-27.
23. Référence directe, à nouveau, à Rachel Carson, si clairvoyante dès les années 60.

l'humanité doit diviser par deux ses émissions de gaz à effet de serre[24]. Le « budget carbone » de l'humanité est donc d'environ 850 Gt $CO_2$ de maintenant à 2100. Sous-entendu – ou plutôt, bien explicité – par le GIEC : aller au-delà compromettra les conditions de vie sur terre de l'Homme. Or, au rythme actuel de nos émissions annuelles, nous aurons consommé ce budget en moins de 12 ans. L'autre souci est que toutes ces substances sont invisibles et ne semblent pas nous gêner au quotidien. Ainsi, aussitôt ces chiffres lus, on les zappe pour passer à d'autres préoccupations. Comme le dit Edgar Morin : « À force de sacrifier l'essentiel pour l'urgence, on finit par oublier l'urgence de l'essentiel ».

Pourtant, au regard de ce que nous venons d'évoquer, l'impératif de réduction des GES et de respect de la biodiversité, dans toute la chaîne de valeur, doit être considéré par l'entreprise comme une condition à sa propre survie. Le respect des limites planétaires ne peut pas être une option, ni même un axe stratégique parmi d'autres. C'est une condition.

C'est ce que nous appelons « l'alignement sur les faits scientifiques ».

Toutes ces évidences ne sont pas largement partagées et force est de constater que la majorité des individus ne remettent pas pour autant en cause le système existant, puisque ce système a sans conteste amélioré nos conditions de vie matérielle.

Quant au ruissellement-qui-profite-à-tous-tant-que-le-PIB-augmente, il a visiblement ses limites. Mais c'est une histoire qui nous rassure, ou plutôt qui rassure ceux qui tiennent bien fort l'entonnoir sous l'arrosoir. Une fraction minoritaire

24. Le dioxyde de carbone ou $CO_2$ : 74 % du total ; le méthane CH4 : 17 % du total ; le protoxyde d'azote N2O ; l'ozone $O_3$ et tous les gaz à effet de serre industriels du type HFC, CFC, CF4, SF6, …

de la population mondiale profite de ce confort. C'est nous. Et nous ne sommes pas prêts à revoir les paramètres de l'équation. Titillés par le doute, certains nous rappelleront que nous sommes bien contents de profiter de la péridurale, de soins dentaires et de ne plus avoir à travailler aux champs à mains nues. C'est vrai, et nous ne remettons pas en question ces avancées. Mais il reste facile de balayer d'un revers de main, appelé « progrès », toute pensée critique. On ne peut nier que le système dans lequel nous vivons dans les pays du Nord ne semble aujourd'hui pas capable de résoudre la crise écologique, ni les inégalités sociales. Si tant est qu'il n'en ai jamais été question auparavant.

L'entreprise a un rôle de premier plan à jouer dans l'inflexion de ce système. Sans elle, pas de consommation, pas de besoin en énergie, pas de $CO_2$. Mais, sans elle, pas d'économie sur laquelle s'appuyer non plus. Celles qui sont soumises aux rapports RSE le savent bien.

L'approche cornucopienne qui estime que la destruction créatrice et l'innovation technologique permettront à l'humanité de subvenir éternellement à ses besoins matériels est profondément ancrée, tant dans le monde de l'entreprise que dans celui de la politique. Mais la corne d'abondance faisant surgir du néant les biens dont on se repaît sans faim ni soif est une mythologie. Comme d'ailleurs le biais d'optimisme qui considère qu'avec le temps et le génie humain, les problèmes se régleront. Il n'est nul besoin d'être climatosceptique pour penser ainsi.

Nous ne jugeons pas ceux qui empruntent volontiers les lunettes de la technologie pour voir la vie en rose, étiquetant souvent les progrès auxquels ils font référence d'avancées scientifiques. Eh oui, parfois, la science du GIEC se heurte à la notion de science du « progrès ». Mais il ne faut pas confondre les progrès pour l'humanité et les progrès technologiques. Ces derniers utilisent la science, mais ne sont pas synonymes. N'oublions pas que l'innovation technologique porte surtout les germes d'une obsolescence programmée. Voilà bien une avancée à laquelle nous ne souscrivons pas. Car enfin : de quel progrès parle-t-on ? Qui exactement sera susceptible d'en profiter ? Pendant combien de temps et au dépend de qui ? Ne pas répondre à ces questions relève d'un aveuglement que l'on pourrait qualifier de scientiste. Reconnaissons que la limite de cette posture technophile est qu'elle s'appuie justement sur la confiance dans la poursuite linéaire des progrès de ces dernières décennies. Ainsi, pourquoi changer, puisque nous allons « forcément » trouver l'énergie infinie qui ne pollue pas ? Puisque nous irons chercher les matières premières sur Mars ou sur les astéroïdes ? Puisque la géo-ingénierie réglera le problème climatique ? Puisque le développement de l'intelligence artificielle va devenir notre autoroute vers le transhumanisme ? Bref, puisque nous allons tous vivre sans impact et, en prime, pour l'éternité ?

Toutes ces chimères sont à la fois les refuges de l'immobilisme et des subterfuges pour masquer la peur du changement, voire la peur de la mort. Les progrès technologiques sont indéniables, mais rappelons que nous ne savons toujours pas empêcher la chute des cheveux ou se débarrasser rapidement d'un simple rhume. Quant au coronavirus... En réalité, ce n'est pas au changement lui-même que les individus résistent, mais à la rupture qui l'entraîne. Pour d'autres, le problème climatique est si inextricable qu'il leur semble plus simple de préférer renoncer, et donc de continuer à vivre sans prévoir, jusqu'au précipice. C'est une sorte d'apologie de l'égoïsme, d'irresponsabilité et de lâcheté : le syndrome du Titanic.

Encore une fois, cette tirade sévère n'est pas une accusation. Nous sommes, à titre individuel, plus ou moins prisonniers du système économique et nous ne sommes pas prêts à abandonner le système démocratique qui le soutient. Aucun d'entre nous ne peut se targuer d'être sans impact, ni même d'avoir les solutions pour y parvenir. Nous souhaitons simplement partager le sentiment qui nous anime quand nous essayons de prendre un peu de hauteur, même du haut seulement de notre 1,71 m et quelque. Nous aimerions également partager l'envie, le besoin et le souci d'agir, à notre niveau et à celui de l'entreprise.

La croissance infinie dans un monde fini en ressources est une pure fiction. Les collapsologues et une partie des écologistes, dont la lucide et courageuse Greta Thunberg, ne sont pas des prophètes de l'apocalypse. Ce sont des lanceurs d'alerte qui prédisent non pas la fin du monde mais la fin d'un monde, nous encourageant à inventer le prochain.

Entrepreneurs, volontaires en entreprise, si ce sujet vous interpelle, c'est que vous aussi, vous le savez bien : nous n'allons pas pouvoir nous contenter de rêver ce monde de demain, ni laisser « le marché » le dessiner pour nous, ni espérer que la technologie saura le construire. Concrètement, en entreprise nous devons durer. Pour y parvenir, il nous faudra prendre le « système-taureau » par les cornes. Comment simultanément prendre en compte le réel et les effets mesurables des drames écologiques ? Comment exiger que le progrès de demain ne génère pas d'effets collatéraux négatifs ? Comment viser d'emblée les effets collatéraux positifs ? Il est vrai que rien n'a encore été fait du côté des entreprises, d'une part, parce que cela n'a jamais été l'objet de leur activité et, de l'autre, parce que cela semblait être une utopie hors de portée.

Si l'entreprise ne doit pas rejeter la technologie, celle-ci doit rester un moyen, et non une finalité. De nombreuses innovations, comme dans le secteur médical, sont fabuleuses, mais nombre d'entre elles et même l'essentiel des « gadgets » numériques n'ont pas d'utilité sociale à grande échelle, dans une civilisation peu inclusive. Nous pensons que les entreprises contributives ont un rôle à jouer dans la conception et l'utilisation responsable des produits et services. L'utilisation responsable d'un produit se caractérise essentiellement par la mesure de son impact ; c'est aux parties prenantes de l'entreprise de l'éclairer sur cette question. Dans certains cas, il ne sera pas inutile de faire appel à ce bon vieux principe de précaution.

Dans l'ensemble, la science se trompe moins que ceux qui affirment des postulats sans démonstration pour justifier l'inaction ou s'enferrer dans le déni. L'entreprise contributive promeut une croissance conditionnée et inclusive. Elle fait confiance à la science et s'appuie sur une juste technologie, au service d'une économie centrée sur l'usage et le partage. L'entreprise contributive n'est ni un oxymore ni un paradoxe : c'est un nouveau modèle.

## Comment l'entreprise contributive doit-elle prendre en compte la science ?

Les entreprises ne se sont jamais préoccupées des faits scientifiques relatifs au maintien du capital naturel.

Autrement dit, les conséquences de leurs activités sur la biodiversité, le climat, le cycle de l'eau… ne sont évaluées que par rapport à des normes ou des règles définies par la gent politique. Ces conventions arbitraires qui servent de cadre au droit, au mieux permettent donc de limiter quelques impacts significatifs sur l'environnement ou sur les droits humains élémentaires, au pire ne servent strictement à rien si ce n'est légitimer l'intolérable. L'entreprise contributive ne peut pas se contenter de respecter la loi. Si la loi respectait le vivant, il n'y aurait nulle part de surpêche ou de pêche électrique, ni de chalutage profond qui détruit les écosystèmes marins. Les forêts primaires seraient sanctuarisées, les sols seraient exempts de pesticides. Les amendes pour pollution seraient dissuasives. Les émissions de $CO_2$ issues de la combustion des énergies fossiles seraient interdites. La liste est infinie… Le renforcement de la régulation sur ces sujets est une nécessité vitale.

Afin de prendre en compte les faits scientifiques, une entreprise contributive se doit de réaliser beaucoup plus qu'une simple étude d'impact – qui n'est d'ailleurs que rarement obligatoire ! Et lorsque ce type d'étude est requis, elle ne sert qu'à mesurer l'écart entre les ambitions de l'entreprise et le cadre de référence réglementaire local toujours défini *a minima*. Le but étant de dimensionner les actions préventives à mettre en œuvre, pour se prémunir de non-conformités susceptibles de conduire à infliger à l'entreprise des amendes, ou de l'envoyer devant un tribunal suivant la nature de la faute. Notons que le montant des amendes est souvent dérisoire au regard des dommages réellement commis.

L'entreprise responsable vise d'entrée, ou ambitionne le plus vite possible, le net zéro impact. Pour cela, les impacts directs de tous les paramètres de la production doivent être analysés. Plusieurs méthodes sont à utiliser simultanément, telles que : le bilan carbone sur l'ensemble des scopes maîtrisables et non maîtrisables ; l'analyse du cycle de vie du « produit » selon les normes ISO en vigueur ; l'étude de matérialité réalisée avec les parties prenantes non contractuelles (ONG, riverains...), à commencer par les scientifiques compétents dans les domaines concernés par les activités de l'entreprise. C'est très concret. Qui fait ça aujourd'hui ? Personne.

Les résultats obtenus feront régulièrement l'objet d'analyses, de revues et de débats pendant lesquels il sera autorisé « d'être d'accord pour ne pas être d'accord », entre les différentes parties prenantes internes et externes à l'organisation. Le compte rendu des revues sera alors soumis à l'examen du conseil d'administration de l'entreprise.

Ce dernier, dans une entreprise contributive, est composé d'actionnaires traditionnels, mais aussi d'administrateurs indépendants, en nombre égal des autres membres du conseil. La « consanguinité » idéologique des conseils d'administration étant, en effet, l'une des raisons de la pensée unique et de leur inutilité relative pour prendre des décisions éclairées et courageuses, en dehors des périodes de crises aiguës. Il s'agit moins ici de mixité que de diversité de compétences, de sensibilité et de parcours professionnels et éducatifs ainsi que d'absence de formation aux enjeux climat. Comme il est d'usage, le rôle du conseil sera de décider et de valider la stratégie de l'entreprise. L'objectif n'est pas de rechercher un compromis, mais d'aboutir à un consensus. Pour y arriver, l'entreprise contributive choisit de donner le dernier mot aux scientifiques, parce que l'on ne peut pas négocier avec le vivant.

Le rôle des scientifiques sera donc d'émettre un avis sur la soutenabilité forte[25] de l'entreprise, au regard, d'une part, de ses impacts environnementaux et sociaux globaux réels, et, d'autre part, de la pertinence des mesures de prévention mises en œuvre selon le résultat des indicateurs extra-financiers dans le rapport intégré. Parallèlement, des commissaires aux comptes associés à des auditeurs spécialisés en responsabilité sociétale seront mandatés, pour vérifier que les objectifs mesurables et quantifiables, financiers et extra-financiers, sont atteints, et que les investissements relatifs à la régénération des écosystèmes décidés par l'entreprise produisent les effets escomptés. Autrement dit, la préservation à leur coût de maintien des capitaux humains et naturels, au même titre que celle du capital financier. Ainsi, la gouvernance intégrera le vivant.

Enfin, lors de l'assemblée générale annuelle de l'entreprise contributive, des résolutions spécifiques, pour la protection des communs[26], dans toutes leurs composantes au service de la raison d'être seront prises, selon le principe de l'amélioration continue. L'objectif étant de toujours mieux éviter ou réduire les externalités négatives, et contribuer à la restauration des écosystèmes impactés directement ou indirectement par l'entreprise.

Si vous êtes un entrepreneur, ne pensez pas que cela va vous compliquer la vie. Au contraire. Prendre la science comme condition de votre activité sera la colonne vertébrale de votre business, qui n'en sera que plus solide.

---

25. Le principe de soutenabilité forte désigne la nécessité de prévoir le maintien dans le temps du stock de capital naturel critique auquel les générations futures doivent avoir accès.
26. Ici, on parle des ressources naturelles indispensables et partagées, comme l'eau, les forêts, l'air pur...

# 2
# La raison d'être au service du bien commun

*« Le hasard n'existe pas, tout a une cause et une raison d'être. »*
Ostad Elahi

## Au commencement il y a l'envie !

L'ambition de la raison d'être de l'entreprise contributive dépend en grande partie de sa gouvernance, c'est-à-dire la manière dont elle est dirigée. Quels que soient son statut ou sa forme juridique, sa taille, son implantation géographique, son modèle actionnarial... l'entreprise ne deviendra contributive que si son état-major, à commencer par son principal dirigeant, en a réellement envie.

Avoir envie, c'est se mobiliser pour agir. C'est précisément le rôle du *leadership* de contribuer à la mise en action. Plusieurs formes de *leadership* existent, dépendant de la personnalité et des qualités intrinsèques des leaders. Et reconnaissons que, dans ce domaine également, il n'y a pas de recette évidente. Cependant, on peut s'accorder sur le fait que le management par la peur des leaders autoritaires fonctionnait très bien avec des individus peu éduqués et peu informés. Mais aujourd'hui, si le volet de l'éducation sera toujours à discuter, celui de l'information ne l'est pas. À l'ère des réseaux, elle est partout. Nous sommes surinformés. Or on peut disposer de beaucoup d'informations et être conscient des enjeux, sans savoir quel cap prendre. Lorsque les collaborateurs peuvent exprimer leur avis en équipe, alors le *leadership* participatif donne les meilleurs résultats.

De même, il est admis que la « starification » des leaders conduit rarement à de bons résultats sur le long terme. « *Un leader est plus efficace quand les gens savent à peine qu'il existe. Quand son travail est fait, son but accompli, ses troupes pensent qu'elles l'ont fait elles-mêmes.* » Gageons que cette citation, attribuée au sage Lao Tseu, né au VIe siècle avant J.-C., sera encore valable un bon millier d'années.

Dans l'économie linéaire de la prédation, l'excellence du *leadership* se caractérise par la capacité à mobiliser les collaborateurs pour maximiser le profit financier. Dans une économie contributive, les priorités du *leadership* sont différentes. Si la profitabilité économique demeure, elle est aussi importante que la préservation des communs. La perception des collaborateurs sur leur utilité dans l'entreprise (et au-delà) en est transformée. Gaël Giraud va plus loin : « *À moins de ce retour de la mise au service du bien commun de nos intelligences, nous porterons la responsabilité de drames humanitaires que nous avons déjà connus. [...] Plus largement, c'est, je crois, l'enjeu essentiel de l'entreprise, aujourd'hui et demain. Pour qu'elle puisse mettre vraiment sa performance et son dynamisme au service du bien commun, il lui faut réinventer sa gouvernance, devenir elle-même un espace symbolique commun où la créativité de toutes ses parties prenantes puisse être sollicitée par un leadership qui favorise ces ouvertures aux côtés de l'excellence d'exécution. Alors elle pourra à sa manière, distincte et complémentaire de celle de l'État et de la société civile, inventer les communs de demain et protéger ceux d'aujourd'hui dont dépend notre survie*[27] ».

Les crises du *leadership* et du sens que nous traversons, et qui ne font qu'une, tiennent essentiellement au fait que les leviers de motivation traditionnels utilisés par des générations de leaders ne fonctionnent plus. Le « travailler plus pour gagner plus » ne fait plus rêver. Tout le monde souhaite gagner plus d'argent, mais l'argent ne motive qu'un très court instant – au-delà d'un minimum décent évidemment. Connaissez-vous la métaphore de la respiration ? Personne ne vit pour respirer, on vit parce qu'un « pourquoi » nous anime – un projet, une famille, un amour –, bien que respirer soit vital. L'argent est la respiration de l'entreprise, mais il ne peut pas être sa raison d'être ni sa vision, que ce soit pour le dirigeant ou pour ses salariés. Ce qui motive le plus et le plus longtemps, c'est le sens d'une activité, en termes d'utilité sociale et environnementale, donc la raison d'être de l'entreprise.

## La raison d'être, ombrelle de tous les concepts

On a beaucoup parlé de raison d'être, notamment autour des débats sur la loi Pacte en 2018 et 2019. Le sujet de la raison d'être a émergé et a été intégré par nombre d'entreprises,

27. Gaël Giraud pour la préface de l'ouvrage de Pierre-Étienne Franc et Michel Calef, *Entreprise et bien commun : la performance et la vertu*, Éditions du Palio, 2017.

avec plus ou moins de sincérité. La définition d'une raison d'être pour les entreprises contributives doit être le fruit d'une réflexion approfondie des dirigeants, en concertation étroite avec leurs parties prenantes.

Et la concertation doit être un véritable dialogue organisé autour de thématiques préalablement sélectionnées – sans censure –, et qui doivent correspondre aux enjeux les plus matériels de l'entreprise, c'est-à-dire au cœur de son business. La concertation étant surtout une écoute attentive des parties prenantes, il faut d'emblée accepter la contradiction ! L'harmonie n'est pas l'écrasement des différences mais la conciliation des contraires. Un dialogue sincère avec les parties prenantes ne vise rien d'autre qu'une recherche harmonieuse de solutions basées non pas sur des compromis, mais sur un consensus dans la compréhension de ce que l'entreprise doit absolument changer dans son mode de fonctionnement, pour tendre vers le net zéro externalités négatives.

La liste résultant des échanges, qui présente les changements à mettre en œuvre, doit être régulièrement mise à jour avec les parties prenantes, via des plateformes collaboratives. Car rien n'est permanent sauf le changement ! Toute évolution de l'écosystème sociétal peut potentiellement donner naissance à de nouvelles attentes de la part des parties prenantes.

Prenons l'exemple de la catastrophe du Rana Plaza. Pour rappel, il s'agit de l'effondrement d'un immeuble à Dacca, la capitale du Bangladesh, survenu le 24 avril 2013, et qui a entraîné plus de 1 100 morts. Cet immeuble, loin de chez nous, abritait des ateliers de couture pour des marques que nous connaissons tous. Tout à coup, de nombreux consommateurs se sont rendu compte de l'impact de leurs achats sur des personnes réelles, à l'autre bout du monde. Impact directement dû aux conditions de travail que nous faisons indirectement subir aux petites mains de la mode, via nos appétits pour les produits bon marché et via celui, encore plus grand, des marques pour la préservation et la croissance de leurs marges. Après cet épisode, les marques de vêtements ont vu les questions sur les conditions de travail se multiplier. Certaines ont dû changer leur façon de travailler avec leurs fournisseurs. Cela ne veut pas dire que, huit ans plus tard, le monde de la mode est pavé de pétales de roses. Non, tous les consommateurs ne font pas des achats éthiques. Non, toutes les marques de vêtements n'ont pas changé de l'intérieur. Oui, le sport favori d'une écrasante majorité d'acheteurs est toujours de pressurer les prix de leurs fournisseurs. Oui, la marge est toujours ce qui permet de faire tourner la machine. Mais cela veut dire que, désormais, les acteurs sont davantage scrutés, notamment par les ONG, et doivent faire preuve de plus de transparence puisque les consommateurs sont mieux informés. Certaines marques ont changé en profondeur et instauré de nouveaux standards. Des marques éthiques *natives* ont émergé ou, si elles existaient déjà, se sont développées à la faveur d'une nouvelle prise de conscience citoyenne. Sans surprise, le gros de la mode est à la traîne. Mais ces suiveurs font désormais face à d'énormes risques de réputation – des risques business. Car la question « qui a fait mes vêtements ?[28] » est sur le devant de la scène, grâce aux parties prenantes.

## La concertation comme nouvelle boussole

Cette étape de dialogue avec les parties prenantes, notamment les « non contractuelles », constitue la base de toute transformation vers l'entreprise contributive. La certitude des « croissantistes » en la capacité du « marché » à avoir toujours raison doit laisser la place à l'écoute des signaux faibles envoyés par les écosystèmes vivants et les plus précaires.

La méthode de concertation n'est rien d'autre qu'un processus d'amplification du signal. Les signaux apparaissent encore faiblement pour une majorité de la population,

28. Référence appuyée au mouvement « Who made my clothes? », créé par le collectif Fashion Revolution, né à la suite de l'effondrement du Rana Plaza : fashionrevolution.org

souvent inconsciemment déconnectée de la nature et des réalités sociales. Notre drame est justement que nous vivons trop bien l'accumulation de ces signaux faibles. La précarité de milliards d'individus, la disparition croissante d'espèces animales et végétales, les épisodes météorologiques anormaux, la fonte des glaciers, l'acidification des océans... sont pourtant des avertissements sévères pour les observateurs assidus des questions sociales et des écosystèmes naturels. Mais force est de constater que ce n'est pas suffisant pour émouvoir plus de quelques secondes un *trader* dans son bureau, ou un vendeur de superflu dans son centre commercial ; encore moins pour les faire changer de trajectoire. Tant qu'ils vendent leurs produits ou services, pourquoi d'ailleurs changer... ?

Nous pensons que seule une concertation sincère avec les parties prenantes peut faire émerger des solutions originales – et désirables du point de vue des clients –, d'une puissance inouïe qu'aucune négociation classique ne permettrait d'obtenir.

Dans une négociation classique, le jeu des acteurs consiste, le plus souvent, après avoir évalué le rapport de force, à lâcher un peu de lest, pour aboutir à un compromis qui finalement ne satisfait personne réellement. Répétons-le : il n'y a rien à négocier avec la science. Le compromis ne peut pas être une option. Il convient que les parties prenantes, malgré leurs différences, acceptent le postulat de la science comme la base de toute solution. Les économistes néolibéraux vont s'étrangler, et on peut comprendre qu'il est difficile de reconnaître que l'on s'est trompé, parfois toute une vie, mais c'est un fait. Ils préfèreront donc ignorer simplement ces paramètres.

Si le compromis crée de la frustration, le consensus fabrique de la cohérence. Ainsi, la réflexion peut se poursuivre autour de deux questions essentielles.

## 1. Que manquerait-il à l'humanité si l'entreprise n'existait pas ?

Répondre à cette question revient à identifier avec précision et complétude les solutions commerciales et les caractéristiques singulières que l'entreprise apporte, tant à ses clients qu'à la société civile et aux écosystèmes vivants. Dit autrement, en quoi l'entreprise par son positionnement, son implantation, la qualité de ses livrables, son mode d'interaction avec les autres acteurs économiques, crée-t-elle des externalités positives à 360° ? C'est-à-dire des externalités plus importantes que la valeur économique pour les actionnaires (dividendes), ou des solutions commerciales attractives pour les clients. Sous ce prisme, il est également implicite qu'innover ou créer de l'emploi sont des paramètres importants, mais non suffisants. Quant à la capacité de l'entreprise à lever des millions, elle n'est pas pertinente si d'autres typologies de valeurs ne répondent pas aux prérequis sus-explicités. Autant dire que nombre d'acteurs économiques traînant des pieds pour entamer leur transformation avec force chantage à l'emploi, ou les fameuses licornes levant des sommes astronomiques pour ne rien créer de tangible sur le front du bien commun, ni même du bien-être, devront réellement repenser leurs modèles avant de pouvoir répondre avec sincérité et satisfaction – pour tous, pas uniquement pour eux – à cette première question.

## 2. Qu'est ce qui irait mieux si l'entreprise n'existait pas ?

Cette question est encore plus délicate. Elle induit que toutes les entreprises génèrent des externalités négatives. On ne fait pas d'omelette sans casser des œufs. Mais que fait-on des coquilles ? Comment élève-t-on les poules ? Comment est produite leur nourriture ? Quel type d'énergie utilise-t-on pour faire cuire l'omelette ? Qui finance le tout et comment ? C'est en cherchant des réponses à ces questions, et non en les éludant, que l'on avancera concrètement sur la voie de la contribution positive.

En procédant à une analyse fine et approfondie du « comment » et « avec qui » l'entreprise produit la valeur, elle identifie avec précision ses impacts négatifs directs et indirects, tout au long du cycle de vie de ses produits. À partir de là, elle devra mettre en œuvre une démarche d'innovation disruptive, couplée à une démarche d'amélioration continue pour, dans un premier temps, atténuer ses impacts ; puis, dans un second temps, imaginer les façons de les éliminer totalement. Il est entendu que se contenter de simplement respecter la réglementation n'est pas suffisant, puisque, encore une fois, cette dernière incite seulement à faire « moins mal » et impose rarement le zéro impact.

Faire l'exercice de savoir pour quoi et pour qui son entreprise existe relève d'un effort de lucidité. Il impose de se poser les vraies questions, et de regarder les impacts réels et les risques. Certes, certaines entreprises créent des emplois, permettent de faire vivre une foule de fournisseurs et toute une chaîne de distribution. Mais si ces mêmes entreprises ne produisent que du futile, ou bien sont néfastes à long terme pour la société et l'environnement, leur modèle est assurément en sursis. Tout le processus de définition de la raison d'être permet d'accompagner cette mutation, en vue de réaligner l'entreprise avec la société, et donc de lui permettre de durer.

Définir une raison d'être sincère et surtout crédible requiert de :

– procéder à des arbitrages. Exemple : mettre un terme à l'importation de certaines matières premières qui contribuent au dérèglement climatique et à la destruction de la biodiversité (telle l'huile de palme) ;

– renoncer à des activités commerciales incompatibles avec la nécessité de sobriété. Exemple : décider d'arrêter de fabriquer des *Sport utility vehicles* (SUV) ou des *goodies* ;

– résoudre des dilemmes associés à des injonctions contradictoires entre des externalités positives et négatives. Exemple : personne ne conteste que voyager en avion, en bateau ou en voiture, procure des effets positifs sur les économies locales de destination. Mais qui, en dehors des ONG spécialisées, se préoccupe vraiment de l'impact des voyages sur l'environnement en termes de particules et de $CO_2$ émis, de déchets générés, de virus ou parasites, ou encore de la destruction de la biodiversité du fait de l'artificialisation des sols pour construire les infrastructures touristiques ?

Les renoncements constituent certainement la meilleure preuve de l'engagement sincère des dirigeants. C'est aussi celle qui requiert le plus de courage. Mais qu'est-ce qu'un renoncement ? C'est, par exemple, décider d'arrêter purement et simplement une activité ou un processus de fabrication pour lequel il n'y a pas d'alternative crédible et responsable. Produire de l'électricité avec du charbon est la plus emblématique des activités climaticides, mais il en existe beaucoup d'autres, moins évidentes : financer le secteur des énergies fossiles, fabriquer des objets en plastique… Dans le bâtiment, le renoncement peut se matérialiser par la fin de l'utilisation systématique du béton (6 % des émissions de GES mondiales) ; dans le secteur du textile, des fibres synthétiques ; dans le secteur des cosmétiques, des

suremballages ; dans la biscuiterie, de l'huile de palme. Mais le renoncement, c'est aussi revisiter les techniques de commercialisation afin qu'elles produisent moins d'impacts. Renoncer à vendre du « pas cher et quasi jetable » et passer à l'économie de la fonctionnalité – c'est-à-dire la vente d'un usage – contribue également à abaisser l'empreinte environnementale d'une entreprise. Nous développerons ce volet dans le chapitre dédié aux changements de modèles d'affaires.

Renoncer, ce n'est pas se suicider, c'est se réinventer ! Car, exceptée l'aviation civile qui ne dispose pas encore d'alternative efficace au kérosène issu des énergies fossiles, il est possible de « faire autrement » dans tous les autres secteurs d'activité. En reprenant certains de nos exemples précédents, on peut imaginer quelques pistes :

– chercher et tester d'autres ingrédients pour fabriquer des biscuits toujours aussi bons, et au même prix, mais sans les impacts négatifs de certains ingrédients sur la biodiversité et la forêt ;

– cesser de fabriquer des voitures toujours plus lourdes et plus sophistiquées, et nous proposer un autre idéal de mobilité ;

– passer aux emballages en carton, en verre, biodégradables, rechargeables… sans suremballage ;

– proposer des formules avec des moyens de déplacement plus lents, des destinations moins lointaines, des séjours plus longs, davantage tournés vers le local…

On peut noter que, pour ces quatre exemples au moins, ce qui nous est proposé n'a été rendu désirable que parce que de nombreuses publicités et incitations sociales basées sur l'envie et le mimétisme nous ont fait préférer ces produits.

Encore une fois, pour la plupart des secteurs d'activité, il n'existe que peu d'incompatibilités techniques à changer les processus et manières de faire. Et ce n'est pas forcément un retour en arrière non plus ! Avec de bonnes publicités, bien tournées, on choisira des biscuits à la texture peut-être un peu différente, on désirera des voitures plus légères, on achètera des crèmes pour le visage sans emballages ostentatoires, même dans le luxe, et on aspirera à du *slow* tourisme.

La démarche de renoncement est compliquée à mettre en place. Tout effort de réduction des impacts environnementaux est lié, de près ou de loin, au pétrole et au charbon, et de grands intérêts sont en jeu. Cela expose à des réactions vives des partisans de l'inaction ou du *statu quo*. Le premier effort est le plus difficile à initier.

Emery Jacquillat en sait quelque chose. Le repreneur et le dirigeant de la Camif, depuis 2009, a rapporté une conversation hallucinante qu'il a eue avec le représentant d'acteurs du financement des territoires. Tentant de le convaincre d'externaliser, ce représentant lui demande ce qu'il fera quand tous ses fournisseurs locaux auront mis la clé sous la porte ! Ce n'est pas que l'on ne croyait pas au *made in France*, mais on ne croyait pas que les clients allaient préférer le *made in France*. Croire au « local » semblait insensé.

Mais Emery Jacquillat a été insensé. L'une de ses premières décisions pour s'inscrire dans le « local », gage de l'emploi pour la région, a été d'ouvrir le centre de relations clients sur place. À l'époque de la grande vague des délocalisations des centres d'appels, à Dublin, dans les pays du Maghreb ou en Inde, la décision marque. Mais ce centre d'appels ne pouvant être rentabilisé uniquement par la Camif, il a fallu aller chercher d'autres clients. La démarche peut sembler incongrue. Elle s'est au contraire avérée centrale au démarrage du projet. Les clients du centre d'appels pouvant être fournisseurs de la Camif... De l'économie circulaire de l'emploi avant l'heure. Ainsi est né un modèle à impact, contributif en termes d'emploi pour la région.

La définition d'une raison d'être lucide et sincère ne peut occulter la question de la « désaddiction » aux énergies fossiles. Une raison d'être balise le chemin pour tendre vers l'entreprise contributive, qui ne peut que tendre vers la neutralité carbone sur l'ensemble du cycle de vie de son offre contribuant ainsi à l'effort de neutralité collective. Seulement voilà : plus de 99 % des entreprises dans le monde n'ont pas (mais alors, pas du tout) intégré les faits scientifiques comme postulat préalable à leur réflexion stratégique. Peu d'entre elles voient d'un bon œil une possible taxe carbone digne de ce nom – c'est à ce moment-là normalement que nous récoltons des quolibets de type Khmers verts.

Les Khmers verts, par analogie aux Khmers rouges, seraient des partisans extrêmes de l'écologie intégrale. Quelle étrange analogie : serait-on extrême parce que l'on souhaite que les entreprises prennent en compte le capital naturel et le $CO_2$ dans leurs stratégies, en vue de ne pas laisser mourir en toute légalité une grande partie de l'humanité dans une étuve, dans des migrations forcées ou de faim ? Selon une étude parue dans la revue *Environmental Research* en février 2021, un décès sur cinq dans le monde est déjà dû à la pollution[29], c'est-à-dire 100 000 par an en France. Pas loin de deux fois plus que de morts du Covid-19 pour 2021. Combien de morts fait déjà et fera dans les années à venir le dérèglement climatique ? Qui sont en réalité les génocidaires, si ce ne sont pas les partisans du « *business as usual* » ?

Bien entendu, selon les secteurs d'activité, les entreprises profitables génèrent plus ou moins d'impacts positifs et négatifs globaux. Mais rappelons encore une fois qu'aucun impact positif d'une certaine nature (exemple : une création nette d'emploi) ne peut compenser un impact négatif d'une autre nature (exemple : l'utilisation d'une ressource non renouvelable). Car il n'y a rien à négocier avec la nature. Doit-on alors réintégrer la nature dans l'entreprise ? Bien sûr. Mais le sujet est surtout de réintégrer l'entreprise dans la nature. Car tout en dépend.

Comme quasiment aucune entreprise moderne – créée depuis l'ère industrielle – n'est née contributive, elle peut donc seulement espérer le devenir. Et c'est un objectif ambitieux qui ne peut être visé qu'aux seules conditions, 1/de le vouloir réellement (c'est-à-dire au sommet,

29. Karn Vohra *et al.*, « Global Mortality from Outdoor Fine Particle Pollution Generated by Fossil Fuel Combustion: Results from GEOS-Chem », *Environmental Research*, Elsevier, avril 2021, vol. 195.

comme on dit encore), et 2/une fois redéfinie sa raison d'être, d'adapter, si ce n'est pas complètement reconfigurer, son modèle d'affaires et de management. Ce sera dur et long. Mais comme le dit le sage : on ne fait pas murir une tomate avec un chalumeau. Ce qui signifie que le temps, malgré l'urgence climatique, est une variable clé dans la gestion d'un processus de changement de cette ampleur. Toutes les entreprises, dès qu'elles ont compris l'objectif minimal de neutralité carbone à atteindre, découvrent qu'elles possèdent des marges de progrès considérables.

À cet égard, il est intéressant de découvrir la définition de la raison d'être de la SNCF : « *Apporter à chacun la liberté de se déplacer facilement en préservant la planète* ». Autrement dit, la SNCF souhaite lutter contre les inégalités sociales et géographiques, en rendant accessibles des solutions de mobilité propre partout sur le territoire : un train, mais aussi un bus, du covoiturage, un vélo ou une trottinette électrique. Cette offre plurielle de mobilité se veut donc inclusive et simple, tout en préservant la planète, c'est-à-dire en privilégiant des modes de transports décarbonés.

Mais attention à la raison d'être marketing. Cela paraît évident mais, au vu de certaines formulations émanant d'entreprises ou d'institutions, force est de constater que ça ne l'est pas tant que cela : si une raison d'être peut éventuellement se résumer en une phrase, elle ne peut en aucun cas se limiter à un simple slogan de communication visant à rassurer, et donc à faire vendre.

Une raison d'être est une profession de foi argumentée et centrée sur les attentes des parties prenantes. Elle prend en compte le temps long et décrit une philosophie de management, supportée par des valeurs humanistes et altruistes. Évidemment, la raison d'être ne doit pas devenir un *must have* uniquement pour un enjeu d'image. Depuis le vote de la loi Pacte en France, la raison d'être est sur toutes les lèvres, sans que les entreprises sachent bien parfois par quel bout prendre le sujet – ni surtout pourquoi. Il ne s'agit pas d'entrer dans le *purpose washing*, cousin germain du *greenwashing*[30], qui conduit tout droit au *purpose*

30. Voici le site de l'Ademe dédié au sujet, qui propose un « outil de sensibilisation, d'aide à la décision et à la création dans le respect des règles d'une communication plus responsable ». antigreenwashing.ademe.fr

*bashing,* plus ou moins mérité, affichant une raison d'être aux couleurs de la mode, pour en changer la saison suivante. Personne ne sera dupe, surtout pas en interne, et le retour de bâton se fera sentir auprès de parties prenantes défiantes.

Néanmoins, la pression sociale est à la fois une motivation et une opportunité pour faire bouger l'entreprise, qui doit répondre aux attentes de ses collaborateurs, et évidemment de ses consommateurs. Mais ni l'un ni l'autre ne se contentent plus des rassurantes logorrhées du marketing ou de la communication. Se trouver une raison d'être – et s'y tenir – doit être une façon de se démarquer, pour susciter l'adhésion des talents et des clients qui veulent une réponse quant à la responsabilité de l'entreprise vis-à-vis de la société. Si c'est cela, l'opportunisme, alors allons-y !

Il y a un intérêt certain à s'engouffrer sérieusement dans le sujet de la raison d'être, ne serait-ce que pour ne pas être balayé par la concurrence, dont l'offre répondra mieux aux attentes sociétales que la vôtre. Que l'entreprise cherche à concilier profits et responsabilité à travers la construction de cette raison d'être n'est pas seulement rassurant, c'est indispensable. Toutes les professions doivent s'acculturer au sujet, et d'ailleurs surtout les métiers liés au marketing et à la communication, qui ne feront que gagner en pertinence pour répondre aux attentes de leurs clients. Mais attention : la raison d'être doit toujours prévoir le changement des modèles d'affaires. Et souvent, le renoncement à la facilité liée aux choix dictés par la moins-disance des énergies fossiles.

De plus, pour ne pas tomber dans le *purpose washing,* il est nécessaire de bien comprendre que la raison d'être, pour être crédible, se doit d'être incarnée, et que les engagements doivent être vérifiables. Cela signifie que la direction doit se mouiller et clairement s'engager dans ses prises de parole et d'actes, et que des preuves de l'engagement dans le processus de reconfiguration doivent être rapidement apportées aux parties prenantes.

Nous avons évoqué les renoncements qui sont les meilleures preuves, mais il existe une autre preuve qui consiste à définir des objectifs mesurables ambitieux. Stopper une activité polluante qui ne peut pas être remplacée par une alternative contributive évidente, évincer des fournisseurs non fiables ou bien les accompagner dans leur propre transition, arrêter la fabrication de produits foncièrement sans utilité sociale ou environnementale, dans un marché où l'offre est quasi décorrélée des besoins réels, remplacer les pratiques de *dumping* social par des stratégies de relocalisation... sont autant d'actes de résistance au cynisme de l'économie de la prédation.

« Ce que tu fais parle plus fort que ce que tu dis ! » Cette maxime incarne la façon d'agir des leaders des entreprises contributives.

Une fois la raison d'être formalisée, tout commence. Et il faut beaucoup de courage et de persévérance pour conformer le fonctionnement de l'entreprise à sa raison d'être. L'inertie du « monde d'avant » est et restera puissante, tant qu'il subsistera des acteurs de cette époque. Et ils sont aujourd'hui majoritaires.

Le témoignage de Philippine Guenot, l'ex-directrice générale adjointe de Marcel, entreprise de VTC qui se veut plus responsable, est à ce titre révélateur des questions pertinentes à se poser lorsque l'on ambitionne de devenir une entreprise contributive, au-delà de la formalisation de la raison d'être. Le chemin n'est pas aisé. Une raison d'être ne protège pas des aléas du business, de la politique, des règles managériales ou des fluctuations des indices boursiers. Par exemple, le fait que, en visionnaire, il ait inscrit Danone à la liste des entreprise à mission en la dotant d'une raison d'être forte et pérenne n'a pas protégé Emmanuel Faber. Les raisons sont sans doute complexes et multiples et ne sont pas l'objet de cette remarque. Notre point est simplement de souligner que si une raison d'être est indispensable à la conduite d'un business qui se voudrait plus contributif, elle n'est pas non plus suffisante.

## *Leader or not leader*

Qu'est-ce qu'un leader contributif ? D'abord, précisons la différence entre un « patron » et un « leader ». Étymologiquement, patron renvoie au protecteur, et leader, au meneur. Intuitivement, on se dit qu'un patron est respecté pour son autorité, un leader pour sa capacité à entraîner. Mais force est de constater que parfois, bien que la personne qui dirige l'entreprise et prend les décisions puisse incarner les deux, il y a un véritable schisme entre le patron que l'on a et le leader que l'on désire suivre. Dans les entreprises traditionnelles, la crise de *leadership* se ressent tous les jours, car il devient de plus en plus compliqué de mobiliser des collaborateurs qui savent pertinemment que leurs entreprises génèrent des externalités négatives incompatibles – même à court terme – avec l'urgence écologique, l'impérieuse nécessité de réduire les inégalités sociales et le respect d'une certaine éthique.

Tant que les entreprises n'auront pas défini leur raison d'être en considérant les enjeux sociaux et environnementaux, les leaders qui pourront maintenir engagés leurs collaborateurs, et pas seulement les plus jeunes, se feront de plus en plus rares. Pour un leader, n'avoir comme seul horizon à proposer que le fait de vendre plus, de dégager plus de marge puis de verser plus de dividendes aux actionnaires, ne fonctionne plus.

Les salariés vivent le temps de la désillusion. Les fausses promesses d'abondance sans impact et de croissance infinie ne sont plus crédibles. Cette croissance jadis considérée comme providentielle apparaît aujourd'hui davantage comme une menace que comme une solution. D'autant que le mythe du ruissellement ne tient plus, les inégalités ne faisant que se creuser, et avec elles, la fracture sociale, de plus en plus prégnante. Le nihilisme va-t-il s'imposer ? Sans doute nous a-t-on tellement promis le bonheur au fond du caddie, via une course permanente au pouvoir d'achat, que forcément, c'est compliqué d'y renoncer. Est-ce encore un objectif suffisant pour accepter les sacrifices, réels ou perçus, qui vont de pair, pour nous et pour les autres, maintenant que nous commençons à entrevoir que tout est lié ?

Attention, certains leaders des entreprises prédatrices leurrent encore leurs parties prenantes. Même inquiets de l'avenir, sans pourtant bien comprendre les mécanismes en jeu dans la contraction du contexte économique qui se profile du fait de la raréfaction du pétrole liquide « facile », certains leaders promettent toujours des chiffres d'affaires en hausse perpétuelles, des augmentations de parts de marché, des marges à deux chiffres, et le plus surprenant, c'est que beaucoup y croient encore dur comme fer, à commencer par les analystes financiers qui n'en finissent plus de se mentir à eux-mêmes. Le réveil va être douloureux. Le leader de l'entreprise contributive doit d'abord être courageux et dire la vérité à propos des changements de paradigme économique requis, pour rendre l'entreprise véritablement durable. Cette fameuse vérité qui dérange, comme disait Al Gore : le $CO_2$ et l'économie sont liés.

La vérité est aussi dure à dire qu'à entendre : la gabegie est terminée. Les rentabilités économiques (*ROCE = Return on capital employed*) de plus de 15 %, les profits insolents appartiennent au passé. Bienvenue à l'ère des profits raisonnables ! La contraction sera plus ou moins dure en fonction de nos choix : soit on la refuse puis on la subit, soit on l'anticipe, on la prépare et on y travaille. Faire preuve de réalisme sur la mise au régime énergétique qui nous attend n'empêche nullement de réenchanter l'entreprise – la vie en entreprise, avec l'entreprise, et ce que l'on peut être en droit d'attendre de l'entreprise en tant que collaborateur, voisin, élu ou, évidemment, consommateur.

Alors ce type de leader à la fois lucide et courageux existe-t-il déjà ? Y a-t-il un patron pionnier et exemplaire qui puisse se lever et donner une autre vision de l'avenir pour lui, ses collaborateurs, ses clients ? Oui, ils existent en nombre. L'un d'eux a par exemple donné naissance à une entreprise pas comme les autres, justement en bousculant les codes du patron conservateur. Il s'agit de Nicolas Chabanne. Avec « C'est qui le Patron ?! », en remettant le pouvoir aux mains des consommateurs, qui ont pu eux-mêmes redéfinir le prix des produits de manière participative, il a créé en un an seulement une marque capable de prendre des parts de marché conséquentes – et parfois, la première place d'un marché, sur certains segments comme le lait, vedette incontestée de son offre. Interrogé par un média sur son moteur, Nicolas Chabanne a cité « l'utilité sociale », « le collectif », « le participatif » et « les relations humaines »[31]. Et le succès est au rendez-vous. Car tout le monde est gagnant. Personne ne veut étrangler l'agriculteur dont on exige en même temps de bons produits, même pas le consommateur à la recherche du meilleur prix ! Mais il fallait en faire la démonstration.

Voilà une histoire qui peut inspirer, notamment l'industrie agroalimentaire et les acteurs de la grande distribution – les deux, dépendants l'un de l'autre – cherchant un nouveau souffle.

31. Nicolas Chabanne interviewé par Julie de la Brosse, article paru dans le magazine *L'Express*, le 22 septembre 2017.

## La vision et la mission au service de la raison d'être

En entreprise, toute action d'envergure collective est *de facto* initiée et incarnée par un leader entouré d'une équipe qui s'entend bien. Bien s'entendre est un facteur d'émulation positive. Il ne faut donc pas négliger la puissance de l'ambiance au travail. Combien de personnes vont au travail la boule au ventre ? Désabusées ? Pour atteindre leurs objectifs, et pas plus ? Pour « faire leurs heures » ? Entretenir un climat de compétition basé sur la méfiance et la défiance, générer des envieux à force d'injustices perçues ou réelles, soutenir des projets dénués de sens, cloisonner les prises de décision, ne pas remercier ni reconnaître les équipes dans les succès, voire les humilier en cas d'échec... sans compter les dégâts sur la santé, entre autres. Qui a envie de faire l'effort de démarrer ne serait-ce qu'un nouveau projet avec enthousiasme dans de telles conditions ? Il faut donner envie d'avoir envie, comme le disait Jean-Jacques Goldman à travers la bouche de Johnny Hallyday.

L'exemple de Pascal Demurger est à ce titre emblématique. Au moment où il a accédé au poste de directeur général de la MAIF, ce dirigeant a pris conscience que chacune de ses actions et décisions allait avoir un impact sur la vie de ses collaborateurs. « *Autant d'autres révolutions intérieures peuvent être progressives, autant celle-ci ne m'a pas laissé le temps de la maturation. J'ai ainsi pris un jour conscience qu'en tant que dirigeant, on a un impact sur le bonheur des gens, leur équilibre et leur bien-être – car évidemment ce qu'ils vivent au travail rejaillit sur leur vie privée. Et lorsque l'on prend conscience de cela, on ne peut pas se permettre de négliger ce paramètre, ni faire comme si de rien n'était. Pour moi cette révélation a été une forme de choc. L'accès aux responsabilités, en lui-même, confère d'autres responsabilités. Cela rejoint le sujet de l'écologie. Tant que l'on ne prend pas conscience, on vit dans l'insouciance. Mais le jour où l'on comprend, cela peut devenir structurant. Surtout si l'on a des leviers pour changer les choses ! En entreprise en tout cas, et particulièrement sur le front du management, chaque décision compte, et ce de manière on ne peut plus directe. Alors oui, sous couvert de décisions stratégiques prétendument vitales à court terme pour l'entreprise, les managers peuvent empirer ou améliorer les conditions de vie de milliers de personnes, à travers une série d'injonctions qui n'occupent souvent que quelques lignes dans un mail – mais peuvent avoir des conséquences en profondeur et sur la durée.*[32] »

Le leader a un rôle direct sur l'ambiance de l'entreprise. L'humeur de l'équipe a un impact direct sur la réalisation de la vision du leader. Et la réalisation de la vision du leader a un impact direct sur la pérennité de l'entreprise. Tout est lié.

Pour un leader, décider d'embrasser la philosophie de l'entreprise contributive est forcément une action d'envergure. Être doté d'un peu de charisme ne peut pas nuire, à condition de rester humble. La définition de la raison d'être précède toujours celle de la vision, dont l'objet est de décrire un « rêve potentiellement partageable » par l'ensemble des parties prenantes, y compris celles qui ne sont jamais interrogées : les générations futures. Une vision peut par exemple exprimer l'envie de devenir une entreprise de référence ou de préférence dans tel domaine. Ce n'est pas pour autant une raison

32. Entretien complet sur le blog de l'Entreprise contributive : « Résultats, impacts et fierté : la MAIF a tout pour faire une école. Une interview de Pascal Demurger, directeur général du groupe MAIF », *Les Grands Témoins*, 17 septembre 2020. entreprisecontributive.blog

d'être. Mais une vision peut indiquer le cap à atteindre au service de la raison d'être. Dans ce cas, la vision sublime la raison d'être, elle traduit un état futur désirable dans un horizon temporel préhensible pour les parties prenantes, à commencer par les collaborateurs de l'entreprise. Elle donne envie de parcourir le chemin pour que l'effort à consentir ne soit pas considéré comme une contrainte – de l'importance d'un bon climat social pour unir les forces !

Le couple « raison d'être » et « vision » traduit le « pourquoi » l'entreprise existe, à quoi elle croit, les valeurs qui la font vivre, les renoncements qu'elle accepte et les compromissions qu'elle refuse. Ce couple agit comme une boussole par temps de brume.

S'il est impossible d'exprimer la profondeur d'une raison d'être d'entreprise en seulement quelques mots, il est tout à fait possible et même souhaitable de présenter la vision avec une phrase percutante qui se retient facilement. Des leaders d'exception ont proposé à leurs équipes des visions incroyablement ambitieuses, comme Ray Anderson, le PDG d'Interface, qui dès les années 1990 scandait à ses équipes : « *on va devenir neutre en carbone d'ici à 2020*[33] *!* » Il fallait oser ! Et ils l'ont fait. Comment ? Toute l'équipe a fait sienne cette vision et a tout mis en œuvre pour atteindre les objectifs qu'elle impliquait. Un vrai leader est un visionnaire respecté par ses équipes. Il inspire confiance et il rassure.

Comme la vision décrit un état futur désiré, il est nécessaire de se fixer des objectifs intermédiaires et de définir un corpus d'indicateurs qui permettra de s'assurer régulièrement que l'entreprise est – ou pas – sur la bonne trajectoire. Produire sans détruire la planète, et ne pas exploiter indûment des parties prenantes, constitue le plus petit dénominateur commun de toutes les entreprises qui souhaiteront devenir contributives. Raisonner à très long terme en est une deuxième caractéristique.

La mission de l'entreprise précise à quoi elle sert exactement, et cela s'exprime dans son objet social. Mais, attention, la mission au sens de « l'entreprise à mission » dépasse la notion d'objet social, qui détaille simplement les activités licites d'une entreprise. Si l'entreprise à mission n'est pas forcément totalement contributive, elle s'en rapproche par sa volonté de regarder en face ses impacts. Elle peut avoir différents formats, mais elle se définit surtout par trois actes principaux.

Tout d'abord, l'entreprise qui se dote d'une mission formalisée choisit de définir l'impact positif social, sociétal

33. Interface : interface.com

ou environnemental qu'elle souhaite exercer, en engageant le cas échéant ses actionnaires. Pour cela, elle peut, selon la loi Pacte, inscrire dans ses statuts ou tout autre document officiel (charte) la mission vertueuse qu'elle revendique et qui, de fait, devient opposable à des tiers.

Ensuite, adoptant une mission qui engage l'entreprise auprès de ses parties prenantes, cette dernière s'engage à déployer les stratégies et les moyens nécessaires pour accomplir sa finalité sociétale. La crédibilité de cet engagement tient dans l'acceptation de se faire régulièrement auditer par un organisme indépendant, qui viendra vérifier si les objectifs sont tenus et les moyens conformes aux ambitions affichées.

Enfin, en termes de gouvernance, l'entreprise à mission confie à son conseil d'administration, ou un comité spécifique, le soin de contrôler via des indicateurs *ad hoc*, ou mieux, via une comptabilité du triple capital, la sincérité et la trajectoire associée aux transformations inhérentes à l'originalité de cette approche.

## La transformation des entreprises est une question de volonté partagée

Pourquoi les entreprises traditionnelles tardent-elles tant à engager leur mutation ? Des freins pernicieux existent, particulièrement puissants parce qu'ils sont de nature à s'auto-renforcer. Ce sont eux qui doivent être dépassés en premier lieu.

Un premier frein se situe au niveau de la nature même du fonctionnement des conseils d'administration (CA). Disons-le clairement : leur constitution reste trop conformiste et conservatrice, avec insuffisamment de personnalités issues des mondes scientifique, académique et associatif. Comment penser différemment lorsque l'on rassemble des profils brillants, certes, mais le plus souvent façonnés aux mêmes certitudes ? Comment apprécier les enjeux complexes du vivant lorsque l'on ne dispose pas des connaissances nécessaires pour les comprendre ? Comment imaginer les attentes latentes des parties prenantes quand l'analyse des risques conduit à rechercher les vulnérabilités dans le seul horizon temporel du plan à trois ans ? Comment éveiller d'autres sensibilités lorsque l'on recherche des profils issus d'organisations similaires à l'entreprise administrée ? Dans la majorité des multinationales, l'accession au CA est basée sur la cooptation, avec ses codifications et ses règles du jeu inaccessibles aux non-initiés. Force est de constater que sortir de ce qui est strictement mimétique, voire endogamique, est un enjeu réel. Parlons aussi, en plus du profil et de l'âge des membres, de leur genre. Malgré les avancées de la loi Copé-Zimmermann en faveur de leur féminisation, la sous-représentativité des femmes dans les conseils d'administration reste une anomalie qui continue de se répercuter sur toute l'entreprise. Pourtant, nombre d'études ont démontré la valeur ajoutée de la mixité en entreprise. La façon dont les femmes sont encore considérées n'est pas anecdotique. Elle est un marqueur de plus de la lenteur avec laquelle l'entreprise sait intégrer des faits pourtant évidents pour évoluer. Si la cause féminine bouge si lentement, comment espérer que le sujet vital du climat cesse d'être la chose la plus importante des choses secondaires ?

Un deuxième frein, intimement lié au premier, est le lobbying. Ceci n'est pas une introduction à un discours manichéen contre le lobbying. Le lobbying consistant à faire valoir des intérêts aux décideurs publics a toujours existé, et il est sain pour ouvrir le débat. Toute organisation, qu'elle soit publique, associative ou privée, toute personne physique ou morale, peut et même doit, à son échelle et avec ses moyens, « faire du lobbying » pour voir avancer sa cause. Mais la nature même du lobbying exercé par les entreprises doit évoluer. Aujourd'hui, celles-ci sont globalement dans l'extrême résistance face aux tentatives étatiques de réguler leurs activités, notamment dans le cadre d'une politique climatique ambitieuse. Toujours avec cette approche mimétique de la peur de faire autrement et avec d'autres parties prenantes, elles demandent, ou plutôt elles exigent, de rester dans le monde d'avant. Le lobbying tel que les entreprises l'exercent aujourd'hui est celui de l'immobilisme. Les entreprises doivent accepter, et même réclamer, une régulation forte, qui sera précisément de nature à leur assurer une plus grande pérennité dans un contexte climatique, et donc par répercussion sociétal, économique, politique et géopolitique, de plus en plus imprévisible. En juillet 2021, quelques 150 marques françaises de textile ont demandé, dans une tribune parue dans le journal *Le Monde*, plus de régulation environnementale pour le secteur : leur constat est qu'il existe aujourd'hui une « prime au vice » favorisant d'un point de vue économique, en toute légalité, les acteurs les moins vertueux face à ceux qui se mettent des limites quant à leurs impacts. Les décisions, ou plutôt les non-décisions des entreprises vont avoir des conséquences qui concernent tout le monde. Qui peut croire qu'il sera possible de seulement maintenir, d'ici à la fin du siècle en cours, notre niveau de confort matériel sur une planète-étuve avec des ressources naturelles exsangues, des écosystèmes dégradés, des anomalies météorologiques de plus en plus imprévisibles et qui continuent de creuser les inégalités entre ceux qui ont trop et ceux qui peinent à survivre ? Qui peut encore croire que la seule loi du marché va permettre de trouver une solution au défi climatique qui concerne toutes les entreprises et la société tout entière ?

Si l'Europe devient juridiquement exigeante pour ses entreprises vis-à-vis du défi climatique, alors elle les protégera mieux de la concurrence extérieure. Loin d'être un retour en arrière isolationniste, ce sera au contraire un signal pour que les autres pays s'adaptent, en visant non pas la moins-disance sociale et environnementale, mais au contraire l'excellence durable pour se démarquer et commercer. Toutefois, les chantages à l'emploi contre les régulations sociales et environnementales semblent encore faire craquer les moindres avancées, sur le front du carbone comme sur ceux de la biodiversité et du social. Certes, engager une transition économique digne de ce nom générera des perdants, les accompagner et les aider à rebondir est un autre impératif. De nombreuses organisations syndicales et patronales, en France et dans le monde, commencent non seulement à reconnaître l'importance de la transition écologique, mais aussi à intégrer le sujet crucial et indissociable de la transformation des métiers et de l'indispensable formation continue.

Un troisième frein est celui du circuit de l'argent. D'un côté : ceux qui ont, pour l'instant, toujours eu la raison du plus fort, et qui ont encore les moyens de le croire. De l'autre : les utopistes, ceux qui croient dur comme fer que l'on peut faire autrement, mais qui aujourd'hui ne peuvent être que dans l'espérance à l'instar du Pape[34] et du Dalaï Lama. Toutefois, la société change plus vite que les entreprises conservatrices. Les signes avant-coureurs d'une prise de conscience se précisent, et ils sont nombreux. Ici et ailleurs, des entrepreneurs, des salariés, des groupements, tentent de conduire leur propre destinée en dehors de ces rails qui filent tout droit vers l'abîme. Les Cassandre et les précurseurs dérangent, mais ils éclairent. Nous ferions bien de les écouter, au lieu de chercher des boucs émissaires comme les partis populistes le suggèrent partout dans le monde. L'humanité est entrée dans une terrible zone de turbulence, ponctuée d'une série de crises systémiques sans précédent, qui vont nous priver de précieuses marges de manœuvre pour demain. Dans ce contexte, il est indispensable que le système financier mondial encourage les entreprises à changer leur « logiciel » de création de valeur.

Les pratiques de finance durable ou plus responsable commencent à émerger, il est temps que la vertu paie plus que le vice dans le domaine du financement des activités marchandes et des infrastructures. Définitivement, les États et les organismes de financement sous leur juridiction doivent planifier l'arrêt total de tout soutien aux activités prédatrices du vivant. Encore une fois, nous ne nous faisons pas d'illusion. Nous avons bien remarqué que les engagements des banques à sortir des investissements, dans les énergies fossiles, par exemple, sont plus retentissants médiatiquement parlant que radicaux ou rapides : se désengager rapidement ferait perdre toute leur valeur à des assets sans

34. Saint-Père François, *Lettre encyclique : Laudato si', sur la sauvegarde de la maison commune*, 24 mai 2015. www.vatican.va

lesquels elles ne pourraient plus tenir ! Pour elles, sortir, c'est mourir. Comme le propose Gaël Giraud, les banques centrales doivent racheter aux banques traditionnelles tous les actifs échoués que représentent les valeurs associées aux énergies fossiles. La condition étant qu'elles financent à la place les infrastructures vertes dont nous avons besoin. Les banques centrales peuvent faire des pertes, les effacer et se recapitaliser à l'infini, mais pas les banques d'affaires. Pour que l'entreprise contributive devienne la norme, la finance responsable doit être son oxygène. Donc, que faire sur le front de la finance, quand on est une entreprise qui se veut plus responsable ? Choisir une banque dont les actions correspondent à ses valeurs.

# 3
# Le modèle d'affaires contributif

*« Que chacun apporte sa contribution et devienne le bâtisseur d'un monde fondé sur l'entraide. »*

Serge Desjardins

Les vrais entrepreneurs et acteurs du changement existent. À ces faiseurs, nous donnons ici la parole, ceux qui, au-delà d'avoir compris l'évidence du monde fini, ont mis en œuvre de nouveaux modèles d'affaires alignés avec les défis qui nous font face. Nous avons rencontré certaines de ces personnes, elles ont toutes un point commun : l'humilité bienveillante.

## Votre entreprise est-elle contributive ?

Avant de commencer, faisons un test. Dis-moi comment tu gagnes de l'argent, je te dirai qui tu es. Le modèle d'affaires révèle la nature d'une entreprise. Comme une longue marche commence par un premier pas, il est toujours intéressant de se situer avant d'entamer sa mutation. Avec le petit test ci-après, salarié ou dirigeant, vous pourrez aisément positionner votre entreprise sur un continuum, qui va de « prédateur extrême » (score de 0) à « totalement contributif » (score de 132). Certes, rien n'est jamais aussi tranché : alors faites le test !

Lisez les phrases affirmatives numérotées de 1 à 33 de la colonne A et de la colonne B, par ordre chronologique et en même temps (A 1. et B 1. ; A 2. et B 2. ; A 3. et B 3. etc.). Puis, pour chacune des 33 affirmations A ou B, notez le nombre de A et de B qui correspond le plus à la situation que vous ressentez au sein de votre organisation. Pour chacune des affirmations B choisies, vous marquez 4 points ; pour les A vous marquez 0.

Si vous comptez plus de A, vous l'avez deviné, votre organisation n'est pas du tout contributive. Et donc elle n'est pas durable. Si vous avez sensiblement autant de A que de B, votre organisation est sur la bonne voie. Enfin, si vous avez une large majorité de B, votre organisation tend à devenir contributive, et elle le sera complètement lorsque vous aurez 33 B (soit 33 × 4 = 132 points). Au final, vous saurez sur quels paramètres concentrer vos efforts.

| A | B |
|---|---|
| 1. Le mode de conception des solutions business s'appuie sur les attentes exprimées des clients. | 1. Le mode de conception des solutions s'appuie sur l'expérience client et la prise en compte de l'analyse de leur cycle de vie. |
| 2. La R&D, le marketing et le *benchmarking* sont les principaux moteurs de différenciation. | 2. L'intrapreneuriat, les suggestions des collaborateurs et l'*open innovation* nourrissent majoritairement la différenciation. |
| 3. Le processus d'amélioration continue est basé sur le bon sens, l'intuition et les retours d'expérience. | 3. Le processus d'amélioration continue est déployé au moyen des méthodes de l'excellence opérationnelle. |

| A | B |
|---|---|
| 4. Les innovations technologiques constituent l'essentiel des sources de progrès. | 4. Le progrès s'appuie sur la juste technologie (combinaison de *HighTech LowTech / Tech4Good / SmartTech*), l'évolution des modèles économiques et l'innovation managériale. |
| 5. Ce qui prédomine c'est la vision à court terme. | 5. Ce qui prédomine c'est la vision à long terme. |
| 6. Les enjeux climatiques et de préservation des ressources sont intégrés à la démarche environnementale de l'entreprise. | 6. Les enjeux climatiques et de préservation des ressources sont intégrés à la stratégie globale de l'entreprise. |
| 7. La gouvernance s'appuie prioritairement sur la logique actionnariale. | 7. La gouvernance prend en compte l'avis des parties prenantes et le bien commun pour assurer la profitabilité pour les actionnaires et la société. |
| 8. La transformation numérique est utilisée pour améliorer la productivité, l'émergence de nouveaux besoins et la relation client. | 8. La transformation numérique est utilisée pour économiser les ressources, contrer les effets rebonds, simplifier la vie des clients. |
| 9. La logique managériale est l'exécution, la subordination, la conformité et l'obéissance. | 9. La logique managériale est la responsabilité, l'autonomie, la confiance et l'initiative. |
| 10. Les environnements de travail et les signes de reconnaissance sont principalement statutaires. | 10. Les environnements de travail et les signes de reconnaissance prennent en compte les déterminants de la QVT (qualité de vie au travail). |

| A | B |
|---|---|
| 11. La fonction RSE/ développement durable dans votre entité a pour rôle essentiel d'assurer la conformité aux obligations réglementaires. | 11. La fonction RSE/ développement durable dans votre entité a pour rôle essentiel d'accompagner les transitions vers des modèles économiques durables. |
| 12. Les investisseurs privés constituent l'essentiel de la structure actionnariale de l'entreprise. | 12. L'entreprise a choisi le statut d'entreprise à mission et/ou le modèle des fondations actionnaires est en vigueur dans l'entreprise, indépendamment de son statut juridique. |
| 13. L'entreprise a déployé un système de management de l'environnement certifié et utilise les meilleurs « labels » sectoriels pour ses solutions. | 13. L'entreprise s'appuie sur les meilleures pratiques intersectorielles pour son management de l'environnement et le développement de solutions. |
| 14. L'identification des risques s'appuie essentiellement sur les expertises internes. | 14. L'identification des risques s'appuie sur l'étude de matérialité réalisée avec les parties prenantes. |
| 15. Le *reporting* financier est établi indépendamment du *reporting* extra-financier. | 15. L'entreprise publie un rapport intégré qui agrège les composantes financières et extra-financières. |
| 16. Les modes de rémunération et l'appréciation de la performance s'appuient sur les indicateurs financiers. | 16. Les modes de rémunération et l'appréciation de la performance s'appuient sur les indicateurs du capital matériel et immatériel. |

| A | B |
|---|---|
| 17. Le modèle d'affaires s'appuie sur les principes de l'économie linéaire. | 17. Le modèle d'affaires prend en compte les principes de l'économie circulaire. |
| 18. La vente de produits constitue le premier levier de génération de cash. | 18. La vente de services associés à un produit non vendu (fonctionnalité) constitue le premier levier de génération de cash. |
| 19. L'entreprise privilégie les technologies « *no limit* » comme axe de différenciation commerciale. | 19. L'entreprise privilégie la juste tech et le caractère inclusif des solutions comme axe de différenciation commerciale. |
| 20. Les achats et les chaînes d'approvisionnement et logistique sont optimisés sur la base des critères économiques. | 20. Les achats et les chaînes d'approvisionnement et logistique sont optimisés en prenant en compte les critères ESG (environnementaux, sociaux et de gouvernance). |
| 21. La vision de l'entreprise est orientée vers les attentes exprimées des clients. | 21. La vision de l'entreprise est orientée vers les attentes exprimées et latentes des clients, ainsi que celles des principales parties prenantes. |
| 22. L'entreprise suit sa performance RSE par l'intermédiaire de ses indicateurs extra-financiers. | 22. L'entreprise manage sa performance RSE par l'intermédiaire de l'évaluation de ses impacts. |
| 23. La mission et la stratégie sont définies en considérant l'intérêt des associés et actionnaires. | 23. La mission et la stratégie sont définies en considérant l'intérêt social et environnemental comme préalable à celui des associés et actionnaires. |

| A | B |
|---|---|
| 24. Les décisions d'investissements sont prises en fonction des considérations financières et fiscales. | 24. La création nette d'emploi, l'utilisation frugale des ressources et le coût carbone complet sont intégrés aux décisions classiques d'investissements. |
| 25. Le modèle économique générateur de la création de valeur est issu de la seule logique du marché. | 25. Le modèle économique générateur de la création de valeur est issu d'une pensée intégrée impliquant le marché et la préservation des communs. |
| 26. Le système comptable est conçu pour préserver le capital financier. | 26. Le système comptable est conçu pour préserver les capitaux environnementaux, humains et financiers. |
| 27. L'entreprise applique scrupuleusement le droit social local, à propos des enjeux d'égalité, de diversité et de lutte contre les discriminations et stéréotypes de toute nature. | 27. L'entreprise prend des engagements au-delà des lois locales en matière d'égalité, de diversité et de lutte contre les discriminations et stéréotypes de toute nature. |
| 28. Des procédures sont établies en matière d'éthique, de lutte contre la corruption et les ententes, de respect des droits humains. | 28. Les exigences associées aux Objectifs de développement durable de l'ONU sont intégrées dans le système de management de l'entreprise. |
| 29. L'entreprise a défini une stratégie climat et biodiversité. | 29. L'entreprise a défini une stratégie climat compatible avec l'accord de Paris à 1,5 °C et les objectifs de l'IPBES pour la biodiversité. |

| A | B |
|---|---|
| 30. L'organisation et les conditions de travail font l'objet d'un dialogue constant avec les instances représentatives. | 30. L'organisation et les conditions de travail sont définies par les collaborateurs eux-mêmes en fonction du plan de charge et des singularités individuelles. |
| 31. Le marketing propose des produits et services sur la base des tendances du marché et de ce que fait la concurrence. | 31. Le marketing propose des produits et services sur la base d'attentes sociétales sur le long terme. |
| 32. La communication externe est un outil qui permet de montrer l'entreprise sous son meilleur jour et mettre en avant ce qu'elle a à vendre. | 32. La communication externe est un outil qui permet de présenter les ambitions et les étapes de la transformation et d'échanger avec les parties prenantes. |
| 33. Les équipes marketing et communication travaillent ensemble pour présenter les produits, les services et les messages institutionnels. | 33. Les équipes marketing et communication travaillent avec les directions RSE et les parties prenantes externes pour réinterroger les produits, les services et les messages institutionnels à l'aune des attentes sociétales. |

Il y a bien sûr d'autres façons plus sophistiquées d'évaluer la durabilité réelle d'une organisation. Le référentiel B Corp[35],

35. B Corp : bcorporation.eu/about-b-lab/country-partner/france

le modèle EFQM[36], le label Lucie[37], ou encore les récents ImpactScore[38], ou l'outil de diagnostic Zei[39] sont des bases d'évaluations intéressantes pour les entreprises qui veulent progresser sincèrement sur le chemin de l'excellence durable. Utiliser des référentiels étalons externes est souvent enrichissant. Le recours à des certifications ou labellisations par tierce partie, pour confronter ses avancées à la lumière de la perception d'auditeurs indépendants, permet également de progresser – à condition de faire remonter les exigences sur toute la chaîne de valeur, notamment sur les partenaires et les prestataires.

Dès lors qu'il n'y a pas de base d'évaluation et de comparaison, la mesure de la performance ne suffit pas. Les référentiels définis en interne ou les labels autoproclamés n'ont pas de valeur pour les parties prenantes : malgré les bonnes intentions, l'entité reste à la fois juge et partie. Ils peuvent donc être facilement assimilés à du *greenwashing*. Les initiatives associées s'éteignent d'ailleurs souvent le lendemain du départ de leur promoteur ou de leur sponsor.

Pour progresser et gagner du temps, il faut donc pouvoir régulièrement se comparer aux meilleurs des meilleurs, au-delà de son secteur d'activité. Une entreprise qui ambitionne de devenir contributive fonctionne en réseau et accepte de partager ses expériences, afin de s'inspirer à son tour de celles des autres entreprises. C'est d'ailleurs l'une des vocations de l'association du C3D[40], le Collège des direc-

36. EFQM (European Foundation for Quality Management) : efqm.org
37. Label Lucie : labellucie.com
38. Impact Score : impactscore.fr
39. Zei : zei-world.com
40. Collège des directeurs du développement durable : cddd.fr

teurs du développement durable, du mouvement Impact France[41] (anciennement appelé le Mouves, le Mouvement des entrepreneurs sociaux), ou encore de la Communauté des entreprises à mission[42], de faciliter ces échanges entre pairs, de porter la voix des acteurs engagés et de favoriser un mouvement d'entraînement mieux-disant.

Mais, pour devenir durable, l'entreprise ne devra pas se contenter d'améliorer ce qu'elle a toujours fait. Rappelons que nous devons diminuer de 50 % nos émissions d'ici à 2030, pour atteindre la neutralité carbone autour de 2050[43] ! Ce qui est loin d'être la tendance observée.

Puisque faire mieux n'est pas notre fort et, de toute évidence, ne suffira pas, il convient de faire autrement – ce n'est pas en perfectionnant la chandelle que l'électricité a été inventée. Les entreprises doivent viser des ruptures. Pour cela, elles devront procéder à des changements structurels et s'organiser autour d'un modèle économique régénératif radicalement nouveau. Il doit affirmer la possibilité de développer une relation symbiotique (donc de croissance mutuelle) entre des écosystèmes naturels prospères et une activité humaine intense, et ce, dans tous les domaines de l'économie.

41. Impact France : impactfrance.eco
42. Communauté des entreprises à mission : entreprisesamission.org
43. Si l'on veut respecter l'Accord de Paris. Dans son rapport 2019, le GIEC détaille : « dans les trajectoires qui limitent le réchauffement planétaire à 1,5 °C sans dépassement ou avec un dépassement minime, les émissions anthropiques mondiales nettes de $CO_2$ diminuent d'environ 45 % depuis les niveaux de 2010 jusqu'en 2030 (intervalle interquartile : 40-60 %), devenant égales à zéro vers 2050 (intervalle interquartile : 2045-2055) ». GIEC, « Résumé à l'intention des décideurs », *Rapport spécial du GIEC sur les conséquences d'un réchauffement planétaire de 1,5 °C*, 2019, p. 28.

Cette économie symbiotique chère à Isabelle Delannoy[44] n'est pas impossible à envisager, c'est une possibilité en devenir.

## Faire autrement, c'est d'abord changer son modèle d'affaires

Qu'est-ce qui bloque dans les entreprises pour faire autrement ? La gouvernance, inconsciente des enjeux, la pression actionnariale du court terme, les P&L (ou *Profit & Loss*, c'est-à-dire la modélisation des coûts et des bénéfices en vue

44. Chercheuse théoricienne de l'économie symbiotique, co-fondatrice du mouvement éponyme visant à faire connaître cette économie : fr.symbiotique.org – et autrice de l'ouvrage *Économie symbiotique : Régénérer la planète, l'économie et la société*, Actes Sud, coll. Domaine du possible, 2017.

d'anticiper la marge), sont complètement déconnectés de la réalité de la déplétion des ressources. C'est simple, jamais ces instances ni ces outils n'ont intégré ce paramètre. On pourra aussi blâmer l'immaturité des clients, à qui l'on ne peut reprocher de ne faire que des calculs à court terme, équilibrant en permanence leur désir et leur pouvoir d'achat. Ou encore l'incompétence innocente des collaborateurs, qui ne font que ce qu'on leur demande, au fond.

Bien sûr, on peut aussi s'indigner de la régulation complaisante avec les externalités négatives. Un retard dans le paiement de l'impôt sera préjudiciable, alors que produire sans égard pour les ressources et les écosystèmes, par contre, est sans risque. Le fonctionnement des écosystèmes naturels n'est même pas au programme des écoles de commerce, d'ingénieurs ou d'administration. Bref, on peut sans doute blâmer un peu tout le monde. Mais, si l'on veut agir au lieu de chercher les coupables, la première chose à changer est le modèle d'affaires. Les entreprises ont tout à gagner à embrasser une transformation volontaire vers des modèles décarbonés.

## En tout domaine, les pionniers inspirent

La crise climatique et ses multiples effets collatéraux (effondrement de la biodiversité, déforestation, pandémies, sécheresses, canicules, inondations, incendies de forêt, et forcément, misère, famines, conflits, réfugiés, migrants...) sont la conséquence directe d'un modèle de développement basé sur une théorie économique fallacieuse qui a nié, faut-il le réaffirmer, l'impossibilité de la croissance économique infinie dans un monde fini en ressources. L'addiction des acteurs économiques et politiques aux énergies fossiles les a rendus sourds face aux appels à la raison et à l'humilité exprimés par la communauté scientifique.

Cette surdité a permis l'avènement des effets néfastes associés à l'anthropocène. Cette période succède à l'holocène, ère interglaciaire qui, pendant quelque 10 000 ans, a contribué au développement humain. Théorisée par le prix Nobel de chimie, Paul Josef Crutzen, cette très courte période, dont il situe le démarrage en 1850, confirme que l'être humain est devenu, en 170 ans, une force géologique majeure, capable de modifier la biosphère dans son ensemble. Cette période est dorénavant le marqueur de l'inconscience de l'espèce humaine.

Néanmoins, elle témoigne également de formidables avancées scientifiques et d'une capacité des êtres humains à collaborer, atouts dont nous aurons besoin pour relever les prochains défis et inventer les nouveaux modèles d'affaires. L'entreprise est le lieu privilégié dans lequel cette collaboration peut contribuer à rendre le « monde d'après » concret, inclusif et désirable.

Les typologies de modèles d'affaires de l'entreprise contributive se distinguent des autres par la caractérisation de leurs impacts. Ils ne sont pas seulement les représentations systémiques et synthétiques de l'origine de la valeur ajoutée, mais prennent également en compte les externalités négatives comme le levier de création des externalités positives. Contrairement aux entreprises traditionnelles qui, au mieux, cherchent à diminuer leurs impacts négatifs sans en corriger les causes racines, l'entreprise contributive s'appuie sur ces dernières pour faire pivoter son modèle d'affaires. Le modèle le plus inspirant reste celui que nous enseigne la nature : ne produisant pas de déchet, ne gaspillant aucune ressource, ne surdimensionnant aucun de ses besoins, interagissant en interdépendance équitable entre espèces végétales et animales, elle utilise juste ce qu'il faut d'énergie – renouvelable, toujours. Ainsi, elle peut transformer son milieu sans l'altérer, en harmonie.

Nous ne nions pas les difficultés d'amener dans la discussion les notions de modération. Le « juste ce qu'il faut » pour moi est-il le même que pour un autre acteur économique ? Qui peut en juger ? Bien sûr, nous parlons ici d'un système idéal, d'un objectif ambitieux qu'aucune entreprise ne sait aujourd'hui atteindre. Cela ne doit pas pour autant empêcher les dirigeants et les entrepreneurs d'essayer... Avant d'en arriver là, l'entreprise contributive procédera par itérations pour parfaire son modèle d'affaires contributif. Plusieurs principes le lui permettront, dont celui de l'amélioration continue, telle que définie dans le chapitre suivant, et celui de la redéfinition de la structure même de tous les modèles d'affaires d'entreprises. Ce qui comprend des indications sur son financement et sa structure actionnariale, la présentation de sa proposition de valeur avec les activités clés et les flux de revenus associés, les canaux de commercialisation, le ou les segments de clientèle visée, la structure des coûts de fonctionnement, les partenaires et fournisseurs stratégiques – dont les valeurs et actions devront être en phase avec celles de l'entreprise –, et naturellement, les ressources nécessaires à l'élaboration des livrables et donc de la valeur perçue par les clients.

Mais, pour que ce modèle d'affaires devienne véritablement contributif, il convient d'ajouter un paramètre : comptabiliser les externalités positives et négatives produites par l'entreprise dans sa sphère d'influence directe et indirecte.

Attention, aucune externalité négative ne peut se justifier sous prétexte de la production d'externalité positive – cela rejoignant l'idée que la compensation carbone sans réduction drastique associée est un leurre. Parce que l'on ne négocie pas avec le vivant.

Pour illustrer à quoi ressemble un modèle d'affaires contributif, intéressons-nous au concept building de Bouygues, le BHEP (Bâtiment Hybride à Économie Positive), qui a reçu le label *Solar Impulse Efficient Solution* décerné par la Solar Impulse Foundation[45]. Ce label est issu d'une initiative créée et portée par l'explorateur Bertrand Piccard, dans le but de prouver que l'on peut combler le fossé existant entre l'écologie et l'économie, c'est-à-dire réconcilier protection de l'environnement et viabilité financière. Bertrand Piccard désigne cette association contre-intuitive par la notion de « croissance qualitative », en opposition avec celle, quantitative, qui cherche surtout à produire « quoi qu'il en coûte pour la planète ». Parenthèse : si sa vision est généreuse, nous craignons qu'elle ne se heurte rapidement, elle aussi, à la capacité de charge de la planète. Même le qualitatif a besoin de limites.

Le concept building BHEP a cependant été reconnu pour sa vocation à concilier des spécificités environnementales disruptives et un bilan économique positif. Il propose en effet six sources de création de valeur simultanées, écologiques, financières et sociétales.

1. L'optimisation des espaces du bâtiment BHEP permet de maximiser son utilisation par différents types d'utilisateurs. En fonction de sa chronotopie, c'est-à-dire du moment de la journée, et grâce à une traçabilité

45. Solar Impulse Foundation : solarimpulse.com

numérique des usages, le bâtiment peut être reconfiguré en temps réel pour augmenter l'amplitude de son utilisation. Ainsi, son taux d'usage net (ou intensité d'usage) est amplifié et génère plus de recettes.

2. Le bâtiment BHEP bénéficie d'une conception bioclimatique, ultrapassive et apte à s'adapter au changement climatique. Pour les usages tertiaires, il renforce l'expérience utilisateur. Il concilie les enjeux associés à la santé avec la performance opérationnelle (surveillance de la qualité de l'air, respect des cycles physiologiques, luminosité naturelle...), et organise les espaces de travail libres d'accès en fonction des typologies de tâches (solo, équipe, créativité, récréatif, repos...). Ainsi, il apporte un surcroît de confort indispensable à la performance.
3. La convertibilité et la réversibilité du bâtiment BHEP (exemple : de bureaux à logements et inversement) permettent d'allonger sa durée de vie. En effet, pour que les bâtiments durent longtemps et réduisent la composante énergie grise de leur bilan carbone, il convient d'anticiper l'évolution des besoins bâtimentaires sur les territoires et de rendre les immeubles mutables ou convertibles (à court terme), et réversibles (à long terme).
4. Les flux physiques locaux sont valorisés. Le bâtiment BHEP est capable de subvenir à ses besoins en termes d'eau (récupération des eaux de pluie, traitement *in situ* des eaux grises), d'énergie (façades et toits exploités pour produire de l'énergie renouvelable, géothermie) et de chaleur. Il peut échanger ses flux physiques avec les bâtiments voisins et les stocker pour

une utilisation différée, afin de valoriser les atouts attachés à la flexibilité énergétique à l'échelle du quartier.

5. Les matériaux sont réemployés et recyclés. En moyenne, un bâtiment est rénové six fois avant sa démolition et, demain, sa déconstruction. En intégrant le réemploi et le recyclage des matériaux dans la carte d'identité numérique du bâtiment BHEP, ce dernier devient une banque de matériaux pour les nouvelles générations de bâtiments, sans avoir à puiser dans les ressources primaires.
6. Les externalités positives sont mises en valeur. Le coût carbone complet associé à l'utilisation de matériaux bas carbone, l'électromobilité intégrée au bâti, la production d'énergies renouvelables, l'efficacité énergétique, la réutilisation des eaux grises et de pluie après traitement *in situ*, la domotique *low tech* expérientielle... sont pris en compte pour valoriser la *green value* (ou valeur environnementale globale) du bâtiment BHEP.

Le concept BHEP vise à transformer les bâtiments en centres de profits et de ressources partagées. En cela, son bilan économique est meilleur que les bâtiments traditionnels sur l'ensemble du cycle de vie. Le BIM, *Building Information Modeling*, qui permet de modéliser le bâtiment, facilite cette révolution qui prépare le moment où les matériaux constitutifs pourront demeurer la propriété des producteurs, dans le but d'inscrire enfin l'économie circulaire via le réemploi dans les modèles constructifs. L'objectif est de diminuer la pression sur les ressources primaires extractives. Techniquement, le concept BHEP est prêt, et des entreprises sont capables de le proposer au marché. À ces entreprises, dont Bouygues, de le rendre désirable aux yeux de leurs clients...

## Un exemple emblématique : Interface

Légende parmi les entreprises vertueuses, Interface est l'une des références mondiales de la durabilité.

Son fondateur, Ray Anderson, comprenant que le modèle linéaire « j'extrais, je transforme, je jette » n'était pas viable, a décidé, dès 1994, que son entreprise ferait du carbone son cheval de bataille pour viser la neutralité en 2020. Il y est parvenu avec ses équipes, et ce, avant même la fin du délai fixé. L'entreprise est parfaitement rentable. Et si l'Ademe[46] rappelle qu'aucune entreprise ne peut se revendiquer neutre mais seulement contribuer à la neutralité collective, alors on peut dire que l'objectif d'Interface est atteint.

Pour rappel, c'est seulement en septembre 2019 que l'ONU a annoncé, à l'occasion de son sommet sur le climat, que 77 États adhéraient à l'objectif d'une neutralité carbone d'ici à 2050, ainsi que dix régions, plus de 100 villes et presque autant d'entreprise[47]... Interface l'a fait 25 ans plus tôt, en initiant « Mission Zéro® », qui vise le « zéro impact » sur l'environnement (zéro émission de $CO_2$, zéro consommation d'eau au cours de la fabrication, zéro déchet, zéro énergies carbonées). Ayant atteint son but plus tôt que prévu, elle ne s'est pas arrêtée en si bon chemin : le prochain objectif est d'avoir un impact négatif en carbone, c'est-à-dire que l'entreprise en séquestrera ou en captera plus qu'elle n'en émettra.

Vous avez dit précurseur ? Voici la méthode Interface.

---

46. Agence de l'environnement et de la maîtrise de l'énergie (Ademe) : ademe.fr
47. Communiqué de presse de clôture du Sommet Action Climat 2019 de l'ONU.

À l'origine, comme 99 % des entrepreneurs, Ray Anderson ne connaissait rien au développement durable, nous explique Laëtitia Boucher, ambassadrice développement durable pour la France chez Interface. Le déclencheur de sa prise de conscience et de son action aurait été la préparation d'un discours qu'il devait donner en interne pour répondre aux interrogations de certains clients. D'après ce que Ray Anderson a raconté, c'est en lisant le livre de Paul Hawken, *The Ecology of Commerce: A Declaration of Sustainability*[48], qu'il a eu ce qu'il a lui-même appelé « une épiphanie », décidant alors de faire d'Interface une entreprise à empreinte carbone puis environnementale nulle. Et si lui pouvait le faire, avec une industrie traditionnellement (très) dépendante des produits pétroliers – fibres, colles, résines… –, d'autres industries pourraient s'en inspirer[49].

L'histoire de Ray Anderson est celle d'un homme d'affaires qui a visé la neutralité carbone, alors que personne ne montrait la voie, et ce, sans jamais faire aucun compromis sur le profit de l'entreprise. Faire du profit sans avoir d'impact, c'est un véritable changement de paradigme, complètement fou à l'époque, parce que rien ni personne ne mettait sur les entreprises de pression liée au $CO_2$, qu'elle soit financière, juridique ou d'image. Et pourtant, en changeant la « logique business » d'Interface, Ray Anderson a su embarquer tous ses collaborateurs, ses fournisseurs et ses clients.

Ne nous méprenons pas : Ray Anderson aimait le business et le *challenge*. Certes, il a eu une révélation, mais il a surtout

48. Paul Hawken, *The Ecology of Commerce: A Declaration of Sustainability*, Harper Business, 2010.
49. Ray Anderson, *Confessions of a Radical Industrialist: Profits, People, Purpose – Doing Business by Respecting the Earth*, St. Martin's Press, 2009.

eu une formidable intuition lui offrant un atout incontestable grâce à son avance sur le sujet. Mais cela n'en reste pas moins étonnant. Alors que le chiffre d'affaires d'Interface atteignait le milliard de dollars et que l'entreprise était parfaitement rentable, Ray Anderson a choisi de tout remettre en question : approvisionnements, conception, fabrication, tout a été reconsidéré à l'aune du carbone. Évidemment cela n'a pas été si simple. Il fallait tracer un chemin encore jamais emprunté. Alors, comment l'entreprise a-t-elle fait ? Un but sans méthode étant un non-sens, Ray Anderson a créé une méthode. Celle-ci est basée sur sept piliers qui fondent ce qu'il a appelé l'ascension des sept faces du Mont Durabilité[50] :

- zéro déchet ;
- limitation au minimum des émissions de GES et autres polluants – sachant que réduire ce qui se passe à la « sortie » impose de revoir intégralement ce qui se passe à l'« entrée » ;
- recours aux énergies renouvelables – aux États-Unis, le mix électrique étant plus carboné que, par exemple, en France ;
- recyclage en boucle fermée ;
- compensation pour les émissions résiduelles ;
- travail du lien, via l'éducation, avec la communauté, les fournisseurs, les clients, et au sein même de l'entreprise ;
- refonte du commerce lui-même, qui repose notamment sur l'acceptation d'un prix reflétant la totalité des coûts – un prix écologiquement honnête.

50. Le détail sur le site d'Interface : interface.com

Cette vision, déclinée en objectifs concrets dans tous les départements et à tous les niveaux de l'entreprise, a rapidement embarqué tout le monde, y compris les clients. Durant la première décennie de sa transformation, Interface réussit à diminuer ses émissions de GES de quelque 70 %, tandis que ses ventes augmentèrent presque d'autant, et ses profits doublèrent. Mesurer d'aussi près les émissions de GES impose de s'inspirer des méthodes d'amélioration continue très strictes. Celles-ci, en plus de générer des gains carbone via la quantité de matière et d'énergie économisées, entraînent la diminution des déchets et des pollutions – et donc des coûts de rebuts, de mise en décharge et de traitement. Très concrètement, l'amélioration continue permet de proposer de meilleurs produits, de faire moins d'erreurs, notamment sur la production et la livraison, d'économiser sur les matières, la logistique et le carburant... Le tout améliorant de fait la satisfaction client.

Cette course contre le $CO_2$ a été bénéfique à de nombreux titres : image, marque employeur, qualité des produits, attention des clients... Pour que ces derniers soient satisfaits non seulement de la qualité mais aussi de la relation client-fournisseur, Interface propose des designs, coloris et motifs irréguliers, s'inspirant d'un sol de forêt tapissé de feuilles, avec des dalles remplaçables à l'unité. Ainsi, les clients peuvent changer les dalles éventuellement salies, mais pas l'ensemble. Durabilité et économies sont donc réunies pour la société comme pour ses clients. Ray Anderson réalise non seulement du profit, mais surtout des profits – pour l'environnement, ses collaborateurs, ses clients et la société civile.

Le chef d'entreprise n'a pas agi seul. Leader visionnaire, il a partagé sa vision à son équipe exécutive pour la charger de trouver, à son échelle et pour chaque métier, des solutions, en faisant participer les salariés. Il a lancé le programme de formation QUEST – *Quality Using Employee Suggestion and Team work*. Dans cette mission zéro®, chaque salarié a été associé pour agir à son niveau afin d'améliorer le processus. Se nourrir de l'énergie des salariés en reconnaissant leurs qualités intrinsèques, et utiliser la force de tous les collaborateurs pour tendre plus vite et plus efficacement vers un objectif commun, a sans doute été la clé du succès d'Interface.

Pour conduire le changement, Ray Anderson n'a rien laissé au hasard. Il a appliqué des préceptes comparables à ceux du Dr John Kotter, qui avait fait le constat que l'échec des transformations organisationnelles des entreprises était en grande partie imputable à l'absence d'approche holistique. Afin d'y remédier, Kotter a défini, avec Holger Rathgeber, huit étapes pour réussir le changement[51].

1. Créer l'urgence, qui agit comme un déclencheur.
2. Former une coalition.
3. Créer une vision de l'état futur et la communiquer.
4. Inciter à l'action en faisant tomber les obstacles, une réussite en entraînant une autre.
5. Générer des victoires à court terme.
6. Consolider les succès pour accélérer le changement.

51. John Kotter, Holger Rathgeber, *Réussir les 8 étapes du changement*, Pearson France, 2018.

7. Ne pas revenir en arrière – ancrer le tout dans la culture d'entreprise.

8. Des KPI adaptés : pour démontrer la réussite, il fallait mettre en avant d'autres façons de comptabiliser les résultats.

Cette transformation n'a pas été sans risque pour Ray Anderson. Son entreprise étant cotée en Bourse, il devait convaincre ses actionnaires. Pour cela, ses équipes allaient rapidement devenir ses meilleurs avocats : s'appuyer sur l'engagement des collaborateurs, mais aussi sur les premiers succès, a permis de gagner l'adhésion des membres de l'exécutif, puis du COMEX, et finalement des actionnaires.

Ray Anderson se devait d'être concret pour poser les jalons et avancer : des modèles économétriques ont été créés pour mesurer et attester des progrès réalisés. Intégrer toutes les composantes du business dans le calcul du $CO_2$ a été une ambition inédite. Pour atteindre ses objectifs, Interface a rapidement choisi de mesurer ses progrès via l'ACV – l'Analyse de cycle de vie – des produits (de l'extraction de la matière première à la fin de vie), afin de déterminer les points où l'impact environnemental était le plus élevé sur la chaîne de valeur. La matière première, la fabrication, le transport, la maintenance et la fin de vie des produits ont alors concentré les efforts en matière de réduction d'impact et donc d'innovations. C'est ainsi que l'entreprise a été particulièrement efficace pour mettre en place une économie circulaire dans son processus de fabrication.

Chez Interface, la R&D et le développement durable sont réunis sous un seul et même service, celui de la

« co-innovation », afin d'assurer la synergie des ressources et des savoir-faire. Ainsi l'innovation n'est pas développée et créée dans un but de rentabilité ou d'économie de marché, mais pour servir les objectifs de développement durable fixés par l'entreprise. Faire du business autrement pour atteindre la neutralité carbone impose une innovation permanente. Mais pas n'importe laquelle.

L'entreprise innove par exemple sur le *sourcing* des matériaux, et a pour cela « embarqué » ses fournisseurs. Si certains grands fournisseurs historiques de la marque n'ont pas suivi la vision de Ray Anderson, des acteurs alternatifs ont su s'imposer. Aquafil[52], par exemple, a réussi à fabriquer de la fibre recyclée à partir de filets de pêche, ou biosourcée. Revoir ainsi le *sourcing* des matériaux a également obligé les ingénieurs d'Interface à innover pour intégrer ces produits.

Au-delà de la chaîne de production, l'entreprise a revu la manière de commercer avec ses clients, en proposant des offres longues durées, la récupération des matériaux usagés et un volet conseil important. Finalement, Interface a réussi à faire bouger tout un secteur vers une industrie globalement mieux-disante, poussant ses concurrents à suivre son modèle économique.

L'approche d'Interface a fait prendre de l'avance à l'entreprise, notamment avec les labels qui deviennent des critères d'obtention de marchés. L'entreprise y gagne financièrement, et les clients aussi, avec des matériaux de meilleure qualité, plus durables, permettant de réaliser des économies directes. Forte de son succès, Interface s'est,

52. aquafil.com

quelques années plus tard, posé la question « et après ? ». L'entreprise a alors lancé une nouvelle mission : Climate Take Back™, qui ambitionne de devenir restauratrice de climat d'ici à 2040. L'objectif est d'aider la nature à se restaurer, vivre « le zéro empreinte », utiliser le $CO_2$ comme une matière première et, enfin, montrer le chemin à d'autres industriels. L'idée est de faire fonctionner les usines comme des forêts. Il s'agit d'être capable d'imiter l'écosystème environnant les sites de production pour arriver aux mêmes résultats que la nature via le travail d'ingénieurs et de designers utilisant le biomimétisme comme source d'inspiration.

Interface est devenu une source d'inspiration pour les entreprises. Certaines, fortement bousculées sur leur secteur, annoncent la neutralité en quelques années. Évidemment, la réussite d'un tel projet s'envisage sur le long terme. C'est un travail qui demande du *leadership,* des objectifs ambitieux, et d'y allouer des moyens. Chez Interface, grâce à son approche visionnaire, ces investissements ont pu être étalés sur 25 ans et, surtout, ils ont été rapidement rentabilisés par l'optimisation des procédures et les économies de matière et d'énergie. Pour d'autres, la clé du succès est certainement plus à chercher dans la mutation culturelle et l'ambition forte, avec, au cœur, le changement du modèle d'affaires. Plus que les renoncements, les investissements ou les capacités d'innovation, il est le centre et le moteur de tout projet d'entreprise contributive.

## Contributifs de naissance ?

D'autres entreprises *natives* ambitionnent le « net positif » en termes d'externalités, et la rentabilité, avec de nouveaux modèles. Des dynamiques comme celles créées par Entrepreneurs d'Avenir[53], communauté de dirigeants qui « *s'allient et s'engagent à faire grandir une économie bénéfique pour l'humanité, la planète et la société* » ; ou encore Impact France[54], qui se décrit comme un réseau d'entreprises engagées dans la transformation sociale et écologique de l'économie et qui revendique les changements de modèle, participent à donner de la visibilité et de l'ampleur aux modèles d'affaires contributifs.

Certains modèles seront trop en avance sur les usages, d'autres souffriront d'une concurrence déloyale si l'on estime que ne pas s'occuper des externalités négatives fausse les lois du marché. Même si à terme toutes ne perdureront peut-être pas, des initiatives prometteuses témoignent de cette nouvelle dynamique d'entreprises qui se construisent sur un modèle d'affaires vertueux, répondant aux problématiques de notre époque.

Un exemple ? Phenix est une application mobile qui propose le don, le recyclage ou la vente à prix réduits des invendus alimentaires. Entreprise française certifiée ESUS (Entreprise solidaire d'utilité sociale) et B Corp[55], elle est fondée en 2014 par Jean Moreau. Sa mission ? Réduire le gaspillage alimentaire. Comment ? En démontrant

53. entrepreneursdavenir.com
54. impactfrance.eco
55. Pour en savoir plus sur le mouvement B Corp : www.bcorporation.eu/about-b-lab/country-partner/france

à ses clients professionnels (grande distribution, industriels, secteur événementiel…) que valoriser leurs invendus de déchets serait d'abord un atout pour eux-mêmes. Et les associations peuvent ainsi bénéficier de dons, les particuliers acquérir des produits à prix réduits. Jean Moreau a partagé sa vision sur le blog de l'entreprise contributive : pour lui, ce qu'il appelle la *GreenTech*, et qui rassemble des entreprises utilisant et développant les nouvelles technologies au service d'un impact social et environnemental positif, assure un meilleur rendement que les entreprises traditionnelles. Depuis la création de Phenix, Jean Moreau et son équipe ont calculé qu'ils avaient sauvé 120 millions de repas de la poubelle et, ce faisant, créé 200 emplois en France. L'entreprise est passée d'un chiffre d'affaires de 4,6 millions d'euros en 2017, à 15 millions d'euros en 2019, et est aujourd'hui largement bénéficiaire. Évidemment, comme tant d'autres entreprises, elle a souffert de la période de pandémie. Mais, comme d'autres aussi, elle a su démontrer sa légitimité en pleine crise.

Si Phenix continue à lever des fonds, c'est pour assurer sa position de leader de l'anti-gaspi, poursuivre les développements de son application mobile et s'internationaliser. La version grand public permet aux citoyens d'agir concrètement contre le gaspillage, tout en faisant des affaires puisqu'ils peuvent acheter des produits à prix réduit auprès de leurs commerçants qui, eux, trouvent un débouché pour leurs invendus. Lancée début 2019, l'application a déjà été téléchargée par plus de 2,5 millions de citoyens, et quelques 15 000 commerçants partenaires se sont non seulement engagés pour une consommation plus responsable mais y trouvent aussi leur intérêt. Et l'application continue son déploiement en France et en Europe. « *En amenant nos clients à mieux valoriser leurs invendus, nous les aidons à en tirer de la valeur et à réduire le coût de traitement de leurs déchets. Ainsi, nous transformons une source de coût en source de rentabilité additionnelle. Ces démarches "pleines de bon sens" sont souvent fédératrices pour les équipes internes, satisfaites que leurs dirigeants s'engagent dans des démarches responsables, et sont également l'occasion pour nos clients partenaires d'améliorer leur image auprès de leur clientèle* » témoigne Jean Moreau. Son engagement va même au-delà de Phenix, lorsqu'il est élu, avec Eva Sadoun, fondatrice de LITA.co, à la présidence d'Impact France. Il affirme alors : « *Le moment est venu de construire le Mouvement des entreprises à impact social et écologique, l'alternative sociale et écologique au Medef* ».

D'autres acteurs sont également engagés dans la réduction du gaspillage, tels que TooGoodToGo[56], Back Market[57], Recommerce[58] ou encore CompaRecycle[59]. Si le premier lutte contre le gaspillage alimentaire, les suivants s'inscrivent dans une logique circulaire de rachat auprès de particuliers et/ou de revente d'appareils électroniques reconditionnés. Plus de 75 % de l'empreinte carbone d'un smartphone est concentrée lors de sa fabrication, l'initiative peut donc avoir un réel impact. Pour cela, il faut investir. En 2018, Recommerce lève 50 millions d'euros pour devenir l'un des leaders européens du smartphone reconditionné. L'enjeu est de taille. Certes, le marché du reconditionné est en

56. toogoodtogo.fr
57. backmarket.fr
58. recommerce.com
59. comparecycle.com

croissance de 6 % ou 7 %, mais il faut gagner la confiance des clients. L'investissement dans la qualité, l'expérience client, la distribution via un site, tout en continuant à développer des partenariats avec des opérateurs, sont des incontournables. CompaRecycle se pose quant à lui comme un comparateur éco-responsable : le consommateur gagne de l'argent en remettant son appareil dans un circuit vertueux via un partenaire qui lui donnera une seconde vie en France. Il sera soit reconditionné et revendu après nettoyage – surtout des données ! – et réparation, soit recyclé auprès d'un professionnel labellisé et certifié DEEE.

Notons que « recommerce » est un terme utilisé pour la remise sur le marché de biens via internet. Ce procédé n'est donc pas réservé à l'électronique grand public ! On pense aux smartphones et autres biens *high tech*, mais des objets plus simples et moins « précieux » – dans le sens qui ont coûté moins cher et ont nécessité moins de matières et de temps humain pour leur élaboration – peuvent trouver une seconde vie s'ils sont bien réparés et mis sur le marché à un prix intéressant : le réseau Envie[60], social et solidaire, propose ce service depuis plus de 25 ans, via la rénovation et la remise sur le marché d'équipements électroménagers. L'entreprise crée de la valeur pour tous – de l'emploi pour des personnes en réinsertion professionnelle et des biens à moindre coût pour le consommateur –, tout en participant à la limitation des déchets et en contribuant aux changements des modes de consommation. RecycLivre[61] propose quant à lui de remettre sur le marché des livres ; une aubaine pour retrouver des ouvrages qui ne sont

60. envie.org
61. recyclivre.com

plus édités. Le « recommerce », en utilisant internet comme voie de recherche et de distribution, est une source infinie de valeur ajoutée, qui fonctionne aussi en BtoB. Par exemple, Rotor[62] est une place de marché du réemploi des matériaux et équipements de construction pour les professionnels.

Le grand public étant de plus en plus sensible à ce type d'offres, soit pour des raisons écologiques, soit pour des raisons budgétaires, le nombre d'acteurs explose. Vestiaire Collective[63], fondé en 2009, est aujourd'hui le leader mondial des dépôts-vente de luxe en ligne. La concurrence est rude sur ce segment, aussi la société a-t-elle déjà bouclé d'importantes levées de fonds pour sortir du lot. Depuis ses débuts, l'entreprise met l'accent sur la lutte anti-contrefaçon avec contrôle et authentification des pièces du catalogue. On le sait, les levées de millions ne sont pas synonymes de pérennité financière, et la seconde main n'est pas non plus synonyme d'entreprise contributive… Vinted[64], géant lithuanien présent dans une dizaine de pays, qui surfe également sur la vague de l'achat de seconde main mais pour des articles moins haut de gamme, n'est pas encore rentable. Peut-être touche-t-on la limite de ce système *a priori* vertueux : au vu de l'offre et de la demande, en forte croissance, la seconde main de la mode est-elle en train de devenir le relais de la *fast fashion* ? Pour être sur la voie de l'entreprise contributive, la démarche doit être holistique, avec une volonté d'impact positif global.

62. rotorplace.fr
63. vestiairecollective.com
64. vinted.com

Contre la *fast fashion*, signalons l'initiative de Loom[65], qui place la qualité et la durée de vie du vêtement avant tout. La devise de Julia Faure, la fondatrice : « *Des vêtements durables, qui tiennent plus longtemps et abîment moins l'environnement* ». Julia Faure est partie du principe qu'un certain nombre de personnes cherchent un autre type de rapport à leurs vêtements, et qu'une société comme Loom, en proposant des produits de bonne facture qui durent vraiment, et que l'on n'aurait pas besoin ni même envie de remplacer à tout bout de champs, a toute sa place. Elle l'explique, dans un TedEX qu'elle a bien voulu nous laisser partager sur notre blog. « *La seule manière d'affronter le changement climatique, c'est de produire et consommer moins. Quoi qu'on nous raconte, quelles que soient les découvertes hightech qu'on agite devant nos yeux, il y a une équation qui ne changera jamais : produire, c'est polluer. Il vaudra toujours mieux produire un t-shirt que deux, même si les deux sont en coton bio, même si on compense en plantant des arbres. Il est temps de changer d'état d'esprit : on ne peut pas continuer à voir la croissance comme un signe de réussite de l'entreprise. C'est justement cette pensée qui nous a mis dans la situation actuelle d'urgence climatique* ». Et Julia Faure n'y va pas par quatre chemins : « *En fait, une entreprise qui ne cherche pas la croissance à tout prix, on doute que ça existe. Pourquoi mon entreprise serait différente ? Pour une raison simple : nous avons compris que la taille optimale d'une entreprise n'est pas la taille maximale. Devenir plus gros ne nous rendra ni plus efficaces, ni plus heureux. Nous sommes actuellement cinq employés et on arrive largement à fabriquer et distribuer des vêtements*

65. loom.fr

*de qualité, tout en étant rentables et heureux d'aller au boulot chaque matin. À quoi bon vendre 100 fois plus ? À quoi bon être 100 fois plus nombreux ?* » En refusant de calquer son modèle sur l'hyper-croissance prônée par nombre de start-up, Julia Faure détonne dans le paysage, comme avait pu le faire Patagonia avec sa publicité « N'achetez pas cette veste ». Quelle autre marque va vraiment dans ce sens ? Elles sont rares, à notre connaissance, à déclarer envisager réduire le nombre de pièces fabriquées et vendues – hors secteur du luxe, pour lequel les motivations sont ailleurs. Mais Julia Faure n'est pas naïve pour autant. Il est difficile de jouer dans la même cour que le *business as usual* lorsque l'on ne veut pas les mêmes règles. Ainsi, avec 150 entreprises de la mode qui se veulent plus vertueuses, elle réclame[66] une meilleure régulation du secteur. Pour que la prime au vice n'ait plus court.

Au-delà de la quantité, la qualité est un paramètre central pour l'entreprise contributive, c'est-à-dire, pour le vêtement, la matière. Une matière de qualité est par définition précieuse et ne doit donc pas être perdue. C'est le préalable que deux entreprises, Mud Jeans et 1083, ont posé pour la fabrication de leurs jeans.

Mud Jeans[67] est une marque de mode néerlandaise dont le nom fait directement référence à la boue – de la terre et de l'eau. On peut y voir la saleté, ou bien une ressource. C'est en tout cas la vision de Bert Van Son, le fondateur de la marque. Mud Jeans conçoit et fabrique des « *denim* » en boucle fermée sur un modèle d'économie circulaire.

66. Tribune collective, « Nous, marques textiles, demandons à être plus régulées », *Le Monde*, 7 juillet 2021.
67. mudjeans.eu

Les jeans sont conçus pour être portés, collectés, loués, retournés, recyclés mais jamais jetés.

Bert Van Son, qui a longtemps travaillé dans la distribution textile de la *fast fashion*, a voulu radicalement tout changer pour avoir un impact positif de bout en bout. Son modèle d'affaires ? La location de jeans. Un pari incroyable en 2012 : le coton étant trop précieux pour qu'il accepte de le perdre, Bert Van Son a souhaité en rester propriétaire et maîtriser un gisement homogène. Pour cela, une solution : collecter des jeans et les recycler lui-même. Pour ses propres jeans, Bert Van Son a développé un système de location, contre un prix mensuel modique. Le consommateur choisi un modèle, le loue puis peut devenir propriétaire au bout d'un an, ou l'échanger contre un autre. Pour les jeans qu'il fabrique, Bert Van Son ne veut utiliser que du coton biologique ou recyclé, et des teintures non toxiques. Il a également souhaité rapatrier le plus possible la conception de ses jeans dans son pays, les Pays-Bas. Louer est moins émetteur qu'acheter en termes de $CO_2$ et de pollution en général, dans ce secteur qui est particulièrement pointé du doigt pour ses externalités environnementales négatives. Mais précisons que location ne signifie pas systématiquement contributif non plus… Mud Jeans a une démarche globale, qui consiste à fabriquer des jeans de la façon la plus éthique possible, le plus localement possible, avec des fournisseurs choisis et adhérant à la démarche. C'est cela qui en fait une entreprise contributive.

De même pour ce qui concerne 1083. Thomas Huriez, fondateur de la marque, n'avait pas pour ambition de faire renaître l'industrie du jean en France. C'est pourtant ce qu'il a fait. Après diverses expériences professionnelles, dont une dans la mode, il a souhaité lancer sa propre marque, et a commencé par questionner les évidences. Que toute une filière se soit éteinte dans sa région de Romans – jadis l'un des fiefs du textile en France – lui paraissait illogique. Que l'industrie du jean soit l'une des plus polluantes au monde, de la culture du coton jusqu'à sa distribution en passant par les différentes phases de sa conception, alors que tout le monde en porte, lui paraissait aberrant. Le public a cru en son projet local, en contribuant à sa campagne de financement participatif. Quelques années plus tard, Thomas Huriez est « l'homme qui a voulu refabriquer des jeans en France », et qui a réussi. Il est une figure du *made in France* – ou plutôt du *re-made in France*. Dans son livre éponyme[68], il raconte comment il a réussi ce pari du renouveau par la relocalisation, mais aussi quels ont été les freins pour réinventer cette façon de faire, de travailler et de vendre. Faire le pari de la proximité – 1083, c'est le nombre de kilomètres séparant les points les plus excentrés de la France métropolitaine – a été un processus itératif plus qu'une décision initiale. Parmi les premiers freins : le coût du travail et les savoir-faire disparus. Produire en France serait trop cher ? Encore un mythe, démonté point par point dans le livre, avec une nouvelle structure des coûts et la démonstration que l'ensemble de la création de valeur reste sur le territoire : la valeur financière, réinvestie dans des prestations locales, et celle de l'écosystème économique même, qui se reconstruit sur des bases de confiance et la coopération. Et Thomas Huriez ne compte pas s'arrêter là. Une fois la fabrication des rivets rapatriée également, il a l'intention, comme le fait Mud Jeans, de récupérer la matière première issue de vieux pantalons pour la réintégrer dans les nouveaux. Ainsi, comme il se plaît à le dire : toute la production du jean sera relocalisée, y compris la production du coton.

Autre entreprise pionnière, Veja[69], qui fabrique des baskets plus éthiques. Son cofondateur Sébastien Kopp a lancé cette marque il y a maintenant 15 ans, en cherchant à avoir un impact positif à la fois sur l'environnement et sur la vie des personnes impliquées dans la chaîne de valeur de sa chaussure. Comme certaines autres marques plus responsables, Veja ne fait pas de publicité. Sébastien Kopp a

68. Thomas Huriez, *Re-made in France*, Dunod, 2019.
69. veja-store.com

coutume de dire que ses clients choisissent Veja parce que le design leur plaît et que ce sont de bonnes baskets. Et si ce faisant ils choisissent des baskets « mieux-disantes » pour les individus et l'environnement, tant mieux. Ses baskets sont fabriquées avec des matières issues du commerce équitable, comme le caoutchouc. Il provient du travail de seringueros, des saigneurs d'hévéas, organisés en coopératives au cœur de la forêt amazonienne brésilienne. Il ne s'agit pas d'une plantation : les arbres y poussent à l'état sauvage, et le travail des seringueros permet justement de lutter contre la déforestation. Le coton utilisé par la marque provient également d'une coopérative faisant vivre dignement des petits producteurs, sur les principes de l'agroécologie, ou bien d'un approvisionnement en coton recyclé. La marque cherche à améliorer son approvisionnement et toutes les matières sont concernées : sur le cuir, par exemple, la marque a conduit de nombreuses expérimentations pour identifier des tannages respectueux de l'environnement, et même des alternatives au cuir.

Pour rester à la pointe de la responsabilité sur toute la chaîne de valeur, Veja se remet régulièrement en question et continue à adopter une vision holistique. Les baskets s'usent : pour réduire l'impact, on peut par exemple essayer de les porter plus longtemps ou de mieux les recycler. Veja vient de présenter un projet unique en son genre : inciter les clients à rapporter leurs baskets – de la marque Veja ou non – pour leur offrir une seconde vie dans ce que Sébastien Kopp appelle un laboratoire où elles seront nettoyées, si possible réparées, ou alors recyclées. Le lieu est également dédié à la vente d'anciennes collections Veja ou de baskets présentant des défauts minimes, le tout à prix réduits. Ce magasin d'un nouveau genre a ouvert à Darwin, lieu hybride d'activité culturelle et économique qui réunit espace de *coworking*, entreprises et associations, avec comme fil rouge écologie et créativité, à Bordeaux[70]. Ce qui est également intéressant dans la démarche de Veja, ce sont les efforts pour expliciter les enjeux et ce qui est fait pour tenter d'y répondre. Dans sa communication, la marque n'occulte pas les questions de cohérence et de limites des efforts, mettant un point d'honneur à rester transparente. Les difficultés résident notamment, outre la matière et l'approvisionnement, dans la labellisation et le financement des activités.

Un autre exemple : Qwetch[71], qui, du haut de ses dix ans, peut se targuer d'être l'un des précurseurs de la « tendance gourdes ». Stéphane Miquel, son fondateur, s'est inspiré d'une habitude observée en Asie qui consiste à promener sa théière isotherme partout et tout le temps. Très sensible aux sujets de santé, au moment où les impacts liés au bisphénol dans les plastiques et à l'utilisation de l'aluminium s'exposent au grand jour, il n'utilise que des matériaux inertes et sans danger pour l'organisme, tels le verre et l'inox. Stéphane Miquel vise également, dès le début de l'aventure entrepreneuriale, une approche du business plus éthique : Qwetch est membre des programmes BSCI (Business Social Compliance Initiative, initiative de conformité sociale en entreprise) et Amfori BEPI (Business Environmental Performance Initiative), qui regroupent des entreprises de tous les secteurs d'activité dont l'objectif est d'améliorer la

70. darwin.camp
71. qwetch.com

performance environnementale, initiés par le Foreign Trade Association (FTA). Ses gourdes, théières, boîtes repas et bouteilles sont aujourd'hui distribuées dans une vingtaine de pays. Qwetch est le choix historique des acteurs de la biodiversité, dont Biocoop. Proche de ses fournisseurs et des usines partenaires auxquelles il est fidèle, Stéphane Miquel cherche à démontrer que le « *made how* » est aussi sinon plus important que le « *made in* ».

Avec une approche clairement 360°, citons Fairphone[72], la marque néerlandaise qui, depuis 2013, propose des smartphones plus éthiques. Depuis sa création, Bas van Abel, le fondateur de l'entreprise, n'a eu de cesse de démontrer par l'exemple à l'industrie de l'électronique grand public que l'on peut sourcer les matières autrement, et concevoir des produits modulaires, réparables et durables. Fairphone invite également le consommateur à prendre conscience de son impact, notamment en s'engageant à ne pas changer aussi souvent de smartphone, à renouer avec la réparabilité et, au final, à changer sa relation à cet objet devenu si personnel. Qui osera dire que son entreprise est au maximum de ce qu'elle peut faire, alors que, dans une industrie aussi complexe que celle des smartphones, un acteur a réussi à tout remettre en question ?

Quant à Pocheco[73], cette PME française produit des enveloppes et sacs en papier de la manière la plus propre possible – encres non toxiques, récupération de l'eau de pluie pour nettoyer les machines, bambouseraie pour le traitement des eaux, autosuffisance énergétique. Emmanuel Druon est le

72. fairphone.com
73. pocheco.com

pionner de l'écolo-nomie, concept qui consiste à concilier économie et écologie[74]. Depuis 1997, il développe l'entreprise sur ce principe et tente de démontrer sa pertinence. Pocheco vise à prouver qu'il est plus économique de produire de manière écologique, et de nombreuses autres entreprises, tous secteurs confondus, viennent s'inspirer de sa méthode. La marque ambitionne également d'incarner un modèle social plus juste, en adoptant des principes de l'entreprise libérée, du management collaboratif et de la réduction des écarts de salaire. La crise ainsi que les changements d'usages ont pourtant durement touché Pocheco. Moins de courrier, plus de dématérialisation, signifie moins de besoin d'enveloppes : en 2018, Emmanuel Druon a dû lancer un plan social. Mais l'entreprise sait rebondir et diversifie ses activités, avec notamment des services courriers et la fabrication de sacs zéro déchet. Cette histoire rappelle qu'aucune entreprise, vertueuse ou non, ne peut s'affranchir de la recherche de rentabilité en se transformant, en adaptant ses produits au marché, en investissant dans la R&D et dans la formation.

Nicolas Chabanne, que nous avons déjà présenté, a quant à lui senti que le secteur de la grande distribution était à bout de souffle, et que la sempiternelle course au prix le plus bas allait de pair avec la dévalorisation des produits et des personnes. Avec 20 millions de briques écoulées en moins d'un an, le lait de la Marque du Consommateur[75] a non seulement décroché le titre de meilleur lancement de produit alimentaire en 2017, mais a surtout fait la démonstration de

74. Emmanuel Druon, *Écolonomie. Entreprendre sans détruire*, Actes Sud, coll. Domaine du possible, 2016.
75. lamarqueduconsommateur.com

la pertinence d'intégrer, comme prérequis business, la vie décente du producteur et la juste répartition de la valeur.

Plus qu'un simple projet entrepreneurial, ces entreprises portent aussi l'engagement de leurs fondateurs. Ainsi, Lucie Bash décrit TooGoodToGo comme un mouvement pour agir sur le gaspillage, en influençant les consommateurs, les enseignes, mais aussi les écoles et les élus, comme avec la charte #MaVilleAntiGaspi lancée aux dernières élections municipales, jusqu'à la législation.

L'entreprise qui cherche à devenir contributive est aussi une entreprise militante. Ses fondateurs sont courageux, et gardent leur mission chevillée au corps. En s'attachant à faire preuve de cohérence et de transparence, l'entreprise est à la fois plus forte et plus vulnérable. Il est facile de voir, en creux, les faiblesses qui résistent dans le modèle qu'elle poursuit, mais lorsqu'elle réussit, elle inspire.

## Les modèles classiques qui tentent de changer la roue en roulant

D'autres entreprises ne sont pas nées vertueuses, mais n'en ont pas moins compris qu'il leur faudrait infléchir leurs modèles stratégiques, soit par conviction, soit pour rester dans la course. Nous ne parlons plus d'entrepreneurs, ni de start-up qui se sont conçues autour d'un modèle soutenable de naissance, mais bien de marques parfaitement classiques, aujourd'hui à la recherche de modèles d'affaires relais. Nous ne parlons pas non plus des marques qui cherchent à atténuer leurs externalités négatives et se lancent dans d'ambitieuses – et évidemment vertueuses – démarches pour devenir entreprises à mission, se trouver une raison d'être ou viser le label B Corp. Non, nous parlons des marques qui cherchent un modèle d'affaires pérenne. De tels acteurs doivent faire cohabiter l'ancien modèle avec le nouveau, le temps que celui-ci devienne viable.

Parmi ces marques pionnières des entreprises classiques, parlons de SEB[76]. Son slogan « SEB *repairs* » en dit long sur l'intention de la marque, et ce depuis longtemps. Car SEB n'a pas attendu la loi relative à la lutte contre le gaspillage et à l'économie circulaire pour proposer des produits réparables. Grand acteur du petit électroménager, SEB, avec quelque 350 millions de produits vendus par an, expérimente depuis des années la réparabilité. Dès 2015, le groupe lançait son label « produit réparable dix ans ». Plus de 90 % des produits à travers le monde sont concernés. Qui dit mieux ? Et c'est un vrai challenge, quand on gère sept marques, de travailler avec des millions de pièces détachées correspondant aux réparations possibles sur des milliers de références, dont quelque 5 000 nouvelles par an. Le groupe table évidemment sur la qualité – puisque plus le produit sera fiable et moins il aura besoin de réparation. Joël Tronchon, directeur développement durable du groupe SEB, explique[77] : « *Dans le secteur très concurrentiel du petit équipement domestique où le groupe SEB opère, proposer des produits durables, réparables, recyclables, fabriqués dans des conditions sociales et environnementales*

76. seb.fr

77. Intégralité de la tribune de Joël Tronchon, directeur développement durable du groupe SEB, sur le blog de l'entreprise contributive : « Sur quelles fondations bâtir une entreprise contributive ? », *Les Grands Témoins*, 21 mars 2018. entreprisecontributive.blog

*de bon niveau, a plusieurs conséquences positives : cela permet d'être durablement référencé par des clients distributeurs de plus en plus soucieux de travailler avec des fournisseurs responsables et contributifs, et de développer la loyauté et la confiance des consommateurs en nos marques. Proposer des produits durables et responsables influence positivement les ventes et parts de marché, puisque 60 % des consommateurs français déclarent que consommer un maximum de produits durables est une manifestation au quotidien de leurs engagements*[78]*. Au niveau international, selon une étude réalisée dans 21 pays, 62 % des consommateurs souhaitent mettre en œuvre des valeurs environnementales et sociales dans leurs actes d'achat*[79]. » Ces chiffres sont toujours valables. Les consommateurs sont prêts à choisir des marques qui répondent aux enjeux environnementaux mais aussi, tout simplement, qui les respectent en tant que clients, avec des produits de qualité, durables, réparables. Pour aller encore plus loin, depuis 2020, le groupe propose un système de réparation sous forme de forfait, c'est-à-dire à un prix fixe, quelle que soit la nature de la réparation. Fini les surprises et plus d'hésitation pour faire réparer son produit. Quel meilleur argument de vente peut-on trouver ? Voici la démonstration de la clairvoyance du modèle de SEB : le seul fait que le produit soit réparable n'est pas suffisant en soi pour avoir un impact réel. Il faut aussi que cela soit économiquement plus intéressant pour le consommateur. Sinon, conscience écologique ou pas, il se dirigera vers un produit neuf.

---

78. GreenFlex, *Tous acteurs ! Les français et la consommation responsable*, étude de 2017.
79. Globescan, *The 2016 GSS Sustainability Leaders Report*, 7 juin 2016. globescan.com

Hilti est un autre acteur qui a testé les modèles alternatifs à la vente : l'économie de l'usage. Acteur international de l'outillage et de services destinés aux professionnels de la construction et de l'industrie, Hilti est devenue une référence de l'économie circulaire pour le B2B avec un service de location longue durée et un logiciel de gestion des actifs. Une grande partie de la masse d'un outil classique est constituée de métaux de haute qualité, par définition, précieux. C'est cette matière qui peut être recyclée pour diverses applications et que Hilti veut conserver en restant responsable des produits tout au long de leur durée de vie. C'est une décision stratégique globale, qui fait sens tant sur le plan économique que sur celui du client à qui l'on garantit à la fois le produit et le service, pour des produits qui s'usent et dont l'entretien est primordial tant sur le front de l'efficacité que de la sécurité.

L'initiative de Bocage, qui allie réparabilité et location, est à cet égard intéressante. Son expérimentation s'inscrit dans un modèle d'affaires qui recherche activement le durable, et ambitionne de coupler la création de valeur économique et financière à la production d'« effets utiles » dans toutes les formes de contributions sociales, sociétales et environnementales intrinsèques au modèle. Comment ? En investissant dans la durabilité du bien, sa circularité, son partage, la valeur servicielle que peut intrinsèquement avoir le bien, la création d'emplois locaux non délocalisables… Le tout pour une offre abordable de location de chaussures multivies. L'initiative de Bocage, marque du groupe familial Eram, a pu faire sourire.

Thomas Busuttil, fondateur du cabinet Imagin'able, qui a accompagné Bocage dans la conception de cette offre, en explique les ambitions et les difficultés sur le blog de l'entreprise contributive. Le *test & learn* – et la définition de la nature même des tests – est un passage indispensable. C'est ainsi que le modèle initial, basé sur l'abonnement, a rapidement été abandonné au profit de la location avec retour en magasin. L'un des facteurs de succès de ce projet passe d'ailleurs par le contact avec les conseillers et conseillères en boutique, et leur capacité à porter cette offre dans toute sa complexité et son originalité. Ce personnel a été formé, ce qui a d'autant enrichi et mis en avant son rôle de conseil, par rapport à la vente. Aujourd'hui, la marque constate que le modèle économique est à l'équilibre, après seulement neuf mois d'activité, enregistrant des records de vente dans les *corners* de seconde main où le taux d'écoulement est deux fois supérieur aux modèles neufs. De plus, la marque en tire de grands bénéfices en termes d'image. D'abord vers l'externe, puisqu'elle s'en trouve rajeunie et en phase avec les attentes sociétales des générations Y et Z. Ensuite en interne, où la fierté d'appartenir à l'entreprise s'en trouve grandie. Cette initiative a par ailleurs « libéré » des projets d'innovation durable qui ont abouti au lancement d'une gamme de sneakers « éco socio conçues » portée par quatre collaborateurs de l'usine de Montjean. Et, *last but not least* : la mesure des impacts environnementaux et sociaux reste le « phare » de l'entreprise pour ne pas accoucher de fausses bonnes idées sur le front de l'environnement.

Tout n'est évidemment pas simple au royaume des grandes entreprises en transformation. Le tournant vers une entreprise contributive peut même être la seule voie possible, y compris économiquement, pour échapper à la logique imposée par la course au toujours plus et au toujours moins cher. Le prêt-à-porter se sent-il particulièrement mis à mal par les médias et ONG et, finalement, menacé dans l'essence même de son modèle d'affaires ? Force est de constater que certains acteurs se bougent, à l'image de Kiabi, marque française classique de prêt-à-porter à petit prix. Filiale du groupe Mulliez, déjà bien engagé dans l'économie circulaire avec certaines de ses autres marques, Kiabi a ouvert des ateliers de customisation. Anecdotique ? Peut-être, mais sans doute aussi une façon de tester l'appétence du public pour de nouvelles expériences. Après un premier *corner* dédié à la seconde main dans l'un de ses magasins, la marque veut en ouvrir d'autres dans la foulée, avant un test plus large à l'international. La seconde main est définitivement une voie pour la mode et même pour le luxe : Olivier Abstan, directeur associé du Boston Consulting Group, soulignait à l'occasion de la sortie en 2019 d'une étude du cabinet de conseil[80] que le marché de la seconde main d'articles de luxe, porté par les plateformes en ligne, est en progression constante : 60 % des consommateurs de luxe se disent déjà intéressés par la seconde main et 45 % y contribuent en revendant leurs achats. La crise ne pouvant qu'accentuer le phénomène.

Dans la grande distribution aussi, le marché de l'occasion gagne du terrain. Carrefour, Aubert et Darty ont démarré des expérimentations de ce type, ainsi qu'IKEA, qui a ouvert en Suède en 2020 son premier magasin d'articles d'occasion, au cœur d'un centre commercial dédié… à la seconde main. Ce créneau est occupé depuis longtemps – 30 ans ! – par la Fédération Envie, qui collecte, rénove, répare et revend à prix

80. BCG / Altagamma, *2019 True-Luxury Global Consumer Insight*, 17 avril 2019.

modique et sous garantie des appareils ménagers abandonnés. Mais Envie est un acteur de l'ESS, contrairement à Carrefour qui vient d'inaugurer un *shop-in-shop* dédié à la seconde main, pour proposer l'achat et la vente d'articles d'occasion.

Decathlon a été l'un des pionniers en lançant une initiative hors cadre pour l'époque : Trocathlon. Ce n'est pas à proprement parler un modèle financièrement pérenne, puisqu'il s'agit d'inviter les clients à troquer entre eux leurs articles de seconde main. Mais cela les incite à faire un tour en magasin et donc à consommer, tout en créant une forte préférence de marque. Encore une fois, une histoire de curseur à bien positionner pour atteindre un impact positif global.

## Et qu'est-ce qui se prépare encore ?

Plus que nos modes de consommation, c'est aussi nos modes de vie que peuvent transformer les entreprises. Par exemple, le *coliving* nous incitera-t-il à « habiter différemment » ? 50 % des ménages en ville sont constitués d'une seule personne, tandis que les familles monoparentales représentent 5 % à 10 % des habitants, et les couples sans enfants 10 % à 20 %. Fabrice Simondi, fondateur de Co-Liv, premier *do-tank* international sur l'habitat partagé, a contribué dès 2016 au développement du concept du *coliving*. Avec ces chiffres issus de l'INSEE, il souligne que la carte postale des années 1980 illustrée par une famille devant son pavillon avec la voiture et le chien est bien loin de la réalité[81]. Et la récente crise liée au virus du Covid ne fait que

81. Tribune de Fabrice Simondi, co-fondateur de Vitanovae et de Co-Liv, sur le blog de l'entreprise contributive : « Co-Living et noble économie ! », *Les Grands Témoins*, 12 août 2020. entreprisecontributive.blog

rappeler à quel point le vivre ensemble est précieux. Fort de plusieurs aventures entrepreneuriales avec pour point commun l'innovation sur les territoires, Fabrice Simondi a également cofondé Vitanovae, pour, comme il le dit, « *apporter au plus grand nombre les clés d'un habitat partagé, ouvert sur son quartier et écoresponsable* ». L'habitat étant un gouffre à $CO_2$, c'est aussi par conséquent l'une des clés de la réduction de l'empreinte carbone.

De son côté, lancé par TerraCycle, un spécialiste international du recyclage, Loop[82] s'attaque à un autre vecteur majeur de pollution : les emballages. Sera-t-il possible de les éliminer radicalement en revenant à la consigne ? C'est en tout cas le pari que fait Loop, né d'une initiative entrepreneuriale sous la bonne étoile de grandes marques. Constatant que les citadins n'ont pas toujours le temps d'aller dans les magasins de vrac et souhaitent continuer de choisir leurs produits de marques préférés, la jeune entreprise a été proposer à des grands industriels – à l'origine de la plupart des marques auxquelles nous sommes habitués, dans l'alimentaire comme dans les produits d'hygiène, d'entretien ou de beauté – de passer à la consigne, évidemment avec le soutien actif de grands distributeurs. L'offre consiste à livrer à domicile des produits et à collecter les emballages vides. Ayant convaincu Carrefour[83] en France et Tesco au Royaume-Uni, Loop a embarqué Procter & Gamble, Nestlé, PepsiCo et Unilever. Pour ces acteurs, c'est l'occasion de tester un modèle d'affaires, mais surtout d'innover en s'achetant une bonne conduite. Depuis son lancement, Loop semble convaincre :

82. *Closed-Loop Solutions*, terracycle.com
83. loopparcarrefour.com

désormais disponible au Japon, en Australie, au Canada et aux États-Unis, Loop se développe en testant des marchés en partenariat avec des marques de la grande distribution et des chaînes de supermarché locales. La gamme ne cesse de s'étendre, et désormais une liste de produits bio et de petites marques sont disponibles. En France, l'histoire n'est pas finie : l'expérience ayant été concluante pour Carrefour, le distributeur a décidé d'intégrer Loop à sa plateforme de livraison, puis dans ses magasins.

Nous faisons le pari que ces modèles, absolument pertinents face aux enjeux actuels, sauront passer le stade de l'initiative vertueuse pour être généralisés. Cependant, nous savons qu'ils sont très complexes au vu des conditions économiques permettant d'assurer leur survie, mais aussi de l'exigence d'un vrai bénéfice sociétal et environnemental. Ils nécessiteront de vrais investissements et, au-delà, des changements culturels et des révolutions d'usage radicaux.

# 4
# Le système de management par la valeur perçue

*« Ce qui est au cœur du changement de nos organisations, c'est un changement de regard. Quand on aborde les problèmes de demain avec les organisations d'hier, on a les drames d'aujourd'hui. »*

Hervé Sérieyx

Bienvenue dans le chapitre « mains dans le cambouis ». Ici, nous allons présenter des méthodes et des outils dont la bonne utilisation et les résultats ne peuvent que découler du management par la valeur perçue.

Pour une entreprise contributive, le management par la valeur perçue consiste à faire en sorte que ses pratiques, en tout domaine, puissent être appréciées à leur juste valeur par tous. Pour cela l'entreprise se doit, d'une part, d'être transparente sur ses impacts, sur les conditions opérationnelles et organisationnelles de réalisation de ses livrables, sur l'origine de ses matières premières, et d'autre part, de vraiment chercher à connaître les attentes et les besoins de toutes les parties prenantes, aujourd'hui et demain... Précisons qu'être transparent ne signifie pas nécessairement tout dire. Bien sûr, l'entreprise doit protéger ses savoir-faire.

Mais il s'agit de ne rien cacher de ce qui précisément ne relève pas des secrets de fabrication, pourvu qu'ils ne soient pas entachés d'atteintes aux biens communs.

Autrement dit, le management par la valeur perçue signifie : opérer un type de management guidé par la valeur générée par l'entreprise, au profit de son écosystème. Pour mettre en œuvre un tel management, il faut à la fois une bonne dose d'humilité, une capacité à écouter et des méthodes.

Aujourd'hui, une entreprise cherche avant tout à produire de la valeur pour ses actionnaires (eh oui !) et pour ses clients. Les derniers servant parfois de bonnes excuses pour mieux servir les premiers. Partons de l'hypothèse que, plus une entreprise répond aux attentes de ses clients, mieux elle se porte. On pense aux attentes en termes de qualité des produits et des services, évidemment. Mais pas uniquement. Le consommateur attend désormais plus des entreprises et des marques attenantes. Les grandes études marketing, mais aussi les réseaux sociaux, partout dans le monde, le prouvent. Le rôle de l'entreprise dans la société, la façon dont elle traite ses collaborateurs, l'écoute qu'elle accorde aux consommateurs ou encore la réponse qu'elle apporte aux grands enjeux environnementaux sont, de plus en plus, des sujets de préoccupation majeurs. Et le consommateur attend de la cohérence plus encore que des actions ponctuelles (issues du mécénat par exemple), qui souvent cherchent à masquer l'essentiel des insuffisances. Ce qui est « constaté » (par les clients mais aussi les associations de consommateurs, les ONG, les syndicats, les partenaires...) doit être dans la lignée de ce qui est « fait » (investissements, partenariats, politiques commerciales) et « dit » (en communication interne, prise de parole externe...) par la direction.

Pour l'entreprise, travailler sur cet alignement permettra d'améliorer la façon dont le public la perçoit.

## Des principes pour sortir de l'illusion

Parce que philosopher autour d'un modèle économique soutenable ne suffit pas pour passer à l'action, il faut des méthodes et un plan stratégique. Attendre la guérison hypothétique d'un capitalisme devenu irresponsable, à force de mensonges sur ses conditions de pérennité, est un pari à ne pas prendre. Ses symptômes mortifères sont l'addiction à la croissance, la surdité aux signes avant-coureurs des effondrements – celui de la biodiversité, notamment –, l'entêtement aveugle du système financier et politique à bout de souffle qui, à force de soutenir l'inacceptable pour le premier et promettre l'illusion pour le second, finissent par perdre tout ce qui leur restait de crédibilité.

Oui, nous allons avoir besoin de principes et d'un mode d'emploi, pour réellement peser sur la transformation des modèles. Ces principes propres à l'entreprise contributive sont : la confiance et le respect, l'innovation – sous condition de réalisme –, la sobriété et la frugalité, ainsi que l'amélioration continue des processus – car tout est processus. L'implémentation de ces principes ne peut venir que du management.

Qu'est-ce qui empêche l'entreprise d'être véritablement pilotée par la perception de la valeur qu'elle crée globalement, et non à l'exclusif profit de quelques-uns ? « *The problem is management* » rappelait souvent William Edwards Deming, père du management de la qualité, à l'occasion de ses célèbres conférences. Cette maxime garde toute son actualité.

En effet, rien ne va plus au royaume du management, surtout lorsque la fée croissance n'est pas au rendez-vous. Il va falloir nous habituer à faire fonctionner une économie sous contrainte de flux physiques carbonés en déplétion, et donc sans véritable croissance telle que comprise et attendue encore aujourd'hui, en dehors de celle, très artificielle, des plans de relance financés par de la dette. Dans ce contexte d'une économie sans idéal partagé, autre que celui de la création de valeur financière accaparée par quelques-uns, *burn out* et *bore out* continueront de se développer sur le terreau de pratiques éculées d'un management déshumanisé. Basé sur la peur (du licenciement, entre autres), généralement, ce management émane d'un *boss* qui fait pression pour vendre plus sans prendre en compte les externalités produites, tout comme on fait pression sur lui. L'entreprise contributive requiert de tout changer, à commencer par le management.

Si rien de grand ne se développe sans passion, rien ne se met en œuvre sans une culture de *leadership* partagée avec l'ensemble des collaborateurs. Comment favoriser son déploiement ? Une fois la vision définie, la mission établie, la raison d'être formalisée et les valeurs promulguées, la posture du leader doit être de ne plus rien faire !

Ou plus exactement de mettre en place les conditions managériales et organisationnelles, pour que les collaborateurs agissent avec la plus grande autonomie dans le cadre de deux valeurs limites fixées : la confiance et le respect. Pour cela, nous avons besoin de leaders humanistes, altruistes, charismatiques, avec une forte sensibilité écologique (car c'est la garante de la pérennité), et surtout sans égo surdimensionné. Une espèce encore rare hélas. On peut penser que, avec l'augmentation progressive du nombre de femmes aux postes *executives*, un management « au féminin » pourrait émerger. Mais c'est sans doute davantage la prise de conscience, par les équipes et par les managers eux-mêmes, qu'un autre management doit voir le jour, que le genre du manager en lui-même, qui pourra changer la donne.

Ce qu'il faut éradiquer, c'est ce sentiment largement partagé par nombre de salariés déboussolés de travailler pour rien de réellement utile. Les processus n'ont pas de clients bien définis. Quant à la métrique de la performance, elle est basée sur des KPI financiers abscons ne permettant pas de comprendre si l'entreprise est ou non en bonne santé, et prête à affronter les tempêtes à venir. Les collaborateurs et les managers intermédiaires sont souvent désemparés devant tant d'incertitude. Ils savent pertinemment qu'ils sont des pions remplaçables dans un jeu de dupes où pas grand monde ne gagne… Comment accomplir quoi que ce soit dans ces conditions ? Cette culture du management doit appartenir au monde d'hier.

Pour insuffler un vent nouveau, il convient d'expliciter aux collaborateurs « pourquoi » l'entreprise existe, comme nous l'avons démontré au chapitre 2. C'est précisément le rôle de la vision et de la raison d'être. Mais ce n'est pas tout ! Il faut aussi expliciter pour « qui » l'entreprise existe. Et c'est le rôle de la mission. Ensuite, c'est aux collaborateurs, en concertation étroite avec les parties prenantes, de trouver « comment » combler leurs clients, tout en respectant les communs – c'est-à-dire aller au-delà de leurs seules attentes implicites et explicites, afin de satisfaire des besoins latents, par définition non exprimés.

Satisfaire ce type de besoins dans une entreprise contributive signifie innover. Dans le contexte d'une économie de la rareté des ressources, cette innovation est proche dans sa philosophie de l'innovation inversée, concept qui consiste à concevoir des produits d'abord dans les pays émergents, donc avec peu de moyens, avant de les adapter pour les pays « développés ». Dans leur démarche, les entreprises contributives se fixent immédiatement la contrainte ultime du net zéro impact négatif comme condition de la commercialisation. Cela est l'exact contraire des pratiques des entreprises traditionnelles, qui conçoivent des produits en visant un prix de revient le plus bas possible, et sans jamais se soucier de leurs impacts au-delà du respect des réglementations en vigueur – on appelle cela produire en mode « moins-disant ».

Les sceptiques objecteront que la production sans impact négatif est impossible, puisque toute activité de transformation de ressources naturelles génère forcément des effets collatéraux en termes de rejets dans l'air, dans l'eau et dans le sol, ou encore de déplétion de gisements primaires, tant dans le processus de conception que dans l'utilisation du produit ou service. Cette croyance, qui permet souvent de se complaire dans l'inaction, peut émaner d'une forme de paresse intellectuelle et d'un renoncement face au défi de la transition.

Définitivement, il est possible de produire sans générer de nuisances supérieures à ce que les écosystèmes peuvent « digérer ». La nature fonctionne en entropie depuis des millions d'années ; aussi, produire en détruisant n'est pas une fatalité. On comprend tout l'intérêt du biomimétisme, cette science qui propose d'étudier le vivant pour tenter de l'imiter. Investissons donc nos budgets R&D dans cette direction, mais radicalement, commençons par refuser ce qui ne rentre pas dans les cases. Telle substance se révèle toxique ? Qu'à cela ne tienne, ne l'utilisons pas si aucune alternative n'existe, et acceptons de rendre au jambon sa véritable couleur. Cessons d'infantiliser les consommateurs et informons-les.

À noter que l'application Yuka[84], si incomplète et imparfaite soit-elle, a plus fait pour lutter contre la malbouffe que toutes les mesures de la réglementation complaisante censée protéger la santé des consommateurs depuis des décennies.

Yvon Chouinard, le fondateur de Patagonia, à la fin des années 1990, n'a pas agi autrement quand il a compris que le tissu qu'il avait commandé pour ses propriétés infroissables l'était parce que le coton avait été traité au formaldéhyde, rendant malades ses salariés qui inhalaient l'air vicié par cette substance. On peut penser que deux choix se sont présentés à lui : investir dans de nouveaux systèmes de ventilation ou renoncer à ce tissu, pourtant si pratique (et certainement utilisé par ses concurrents). Une troisième possibilité aurait même pu être, pour une plus grosse entreprise, d'investir dans une prestation de lobbying pour que, à terme, les normes de qualité de l'air soient moins strictes. Yvon Chouinard a bien sûr choisi de renoncer au tissu, même si ce n'était pas le choix le plus simple.

## La fin de la compétition

Les promoteurs de l'entreprise contributive considèrent que « c'est celui qui fait qui sait ». En conséquence, l'essentiel des solutions viendra avant tout de ceux qui font. Tout le reste n'est qu'illusion. Notre seul salut pour préserver les communs et générer de l'abondance sans détruire est de libérer les facultés créatrices des femmes et des hommes qui évoluent dans tout type d'organisation. Et ceux qui peuvent les libérer, ce sont les leaders des entreprises contributives.

84. Application mobile qui permet de scanner les produits alimentaires et d'obtenir une information claire sur l'impact du produit sur la santé. yuka.io

Le rôle de ces leaders est donc bien d'agir sans agir, c'est-à-dire inspirer plus que décider, donner envie plus qu'imposer, créer les conditions managériales pour favoriser une culture de collaboration entre les parties prenantes et même avec les concurrents, s'il s'agit de trouver des solutions face à une externalité négative sectorielle. C'est tout l'objet par exemple de l'initiative Railsponsible[85], dont le but est d'améliorer la chaîne d'approvisionnement du secteur ferroviaire dans une approche gagnant-gagnant avec les donneurs d'ordre. En acceptant de collaborer pour partager les moyens, et en abandonnant le recours à la compétition dans tous les domaines, l'entreprise contributive fait le choix de la sagesse et du bon sens, laissant le stress et le ressentiment aux entreprises prédatrices. Pourtant, de l'école primaire jusqu'aux écoles de management, on nous inculque que le monde n'est que compétition, qu'il faut être plus fort que son prochain pour réussir, voire pour survivre. C'est donc aussi tout le système scolaire qu'il faudra bien changer. Car, véritablement, comme l'ont très bien rappelé et démontré Pablo Servigne et Gauthier Chapelle dans leur ouvrage *L'Entraide, l'autre loi de la jungle*[86], l'esprit exacerbé de compétition n'est pas un facteur de réussite collective dans la durée. Et dans l'entreprise du XXI<sup>e</sup> siècle qui évoluera dans un monde de la rareté des ressources primaires, seule la coopération des entreprises, entre elles et avec leurs parties prenantes, garantira la soutenabilité.

---

85. Railsponsible est une initiative sectorielle axée sur les achats responsables visant à améliorer la chaîne d'approvisionnement du secteur ferroviaire : railsponsible.org

86. Gauthier Chapelle, Pablo Servigne, *L'Entraide, l'autre loi de la jungle*, Les Liens qui libèrent, 2017.

## Le duo gagnant et indissociable de la confiance et du respect

La totale confiance dans les collaborateurs représente la valeur cardinale de l'entreprise contributive. Que signifie faire confiance ? La confiance est littéralement à la base de toute relation humaine. Le bébé naît sans défense, il est obligé de faire confiance évidemment. Ses parents sont là quand il a faim, quand il tombe, et l'enfant l'intègre, naturellement : la confiance est une forme de foi dans l'autre. Mais elle n'est pas universelle. Or, si au début de la vie la confiance est évidente, la défiance, elle, se crée petit à petit. Elle effrite la confiance, jusqu'à parfois la faire disparaître chez l'adulte. On ne croit plus que l'autre – le politique, le voisin, le passant, le patron, le collègue – peut être aussi fiable que nous estimons l'être nous-même. Est-ce normal ? Nous ne sommes ni sociologues ni anthropologues mais il nous semble que, pour fonctionner, la société a non seulement besoin de confiance, mais aussi que l'humain y aspire profondément. La confiance ne s'érode pas seule. La compétition fait son œuvre bien sûr mais rappelons que certaines entreprises ont investi des milliards depuis des dizaines d'années dans la création d'une défiance envers les institutions, notamment en détournant des communications scientifiques – et donc en ralentissant l'action.

La confiance implique d'intégrer que l'autre a la même valeur que soi-même, et sans doute les mêmes besoins et intentions. En entreprise, cela peut se traduire par la transparence vis-à-vis des performances réelles de l'organisation, la possibilité pour tous les collaborateurs, et particulièrement ceux de la force productive, de s'auto-organiser en mode collaboratif et de coopter leurs leaders au sein d'équipes opérationnelles autonomes. De la part du management, la confiance passe par la suppression de tous les contrôles infantilisants, l'acceptation du droit à l'erreur, la reconnaissance des efforts et pas seulement des succès.

Pascal Demurger, directeur général du groupe MAIF, revient souvent sur les sujets du sens et de la confiance – comme valeurs fondamentales, mais aussi comme atouts pour la pérennité de l'entreprise – lorsqu'il évoque le management. Ceux-ci ne peuvent se développer qu'au sein d'une culture d'entreprise qui repose sur la bienveillance et la collaboration, plus que sur le contrôle et l'individualisme. De ce sens et de cette confiance découle l'engagement des collaborateurs. Et de cet engagement, les résultats.

La valeur complémentaire à la confiance est le respect. Celui du bien commun, du client, des collaborateurs et des autres parties prenantes – y compris non contractuelles. L'entreprise contributive considère ces valeurs comme interdépendantes et non substituables.

Pendant longtemps, l'objectif de l'entreprise a été *avant tout* de maximiser les profits. C'est encore majoritairement le cas. Pour cela, évidemment, il fallait satisfaire les clients. Quand bien même ils n'avaient pas demandé tel produit ou tel service, une bonne campagne de publicité leur démontrait facilement le contraire. On l'a enseigné durant des décennies dans les écoles de management, aux marketeurs et aux communicants, et tout allait pour le mieux dans le meilleur des mondes court-termistes. Mais nous sommes arrivés au bout de ce système et du culte du profit maximum, que l'on a un temps cru légitime, universel voire éternel : il n'est tout simplement plus valide. Considérer le client au-dessus de tout est aujourd'hui une erreur commise par d'innombrables entreprises qui arguent que, sans client, il n'y a plus d'entreprise. Ce qui n'est pas faux dans l'absolu, mais sans ressources, et surtout sans écosystèmes naturels viables dont un climat stable, une entreprise ne peut tout simplement pas exister, par définition. Le client n'est pas cette créature sans nom ni visage qui n'existe que dans les plans marketing, cette « ménagère de moins de 50 ans » ou cet « *early adopter* ». Le client est une partie prenante avec laquelle on peut dialoguer, à qui on peut expliquer pourquoi un produit mieux conçu ou de meilleure composition peut être un peu plus cher mais meilleur pour la santé, pour l'emploi local, la qualité de l'air... À qui on peut peut-être même expliquer que ce qui ne se paie pas aujourd'hui dans un produit peu cher se paie plus tard en bronchiolites, diabètes et autres problèmes de santé.

Pascal Demurger – encore – va plus loin : il explique que, à la MAIF, contrairement à d'autres compagnies d'assurance, les conseillers ne sont pas encouragés à vendre n'importe quelle police d'assurance à n'importe qui. Au contraire, on leur demande de bien comprendre le besoin du client et de lui vendre la « juste » prestation. Peut-être que moins de chiffre rentrera. Mais peut-être aussi que le client, dont le vrai besoin a été respecté, récompensera l'entreprise en lui étant fidèle et en devenant son ambassadeur. Et Pascal Demurger de noter que les notions de confiance et de respect qui existent en interne, entre collaborateurs, portent leurs fruits en externe, entre conseillers et clients. « Vendre pour vendre » est sans issue.

Un produit ou service indigne (de la confiance et du respect, entre autres) des collaborateurs ou du client est forcément, à terme, néfaste pour l'entreprise. Nous allons même plus loin, et pensons que la (trop bonne) excuse qui consiste pour une entreprise à proposer un produit moins-disant sous prétexte

« qu'il y a un marché » est une arnaque. Une énorme arnaque. Le client n'attend pas d'être gavé avec n'importe quoi. Il attend une autre offre – sinon Henry Ford aurait investi dans la chimie pour le dopage des chevaux, c'est bien connu. Le client peut et doit être considéré comme une personne qui attend plus de l'entreprise. Du respect, notamment. Et c'est, avouons-le, une denrée encore assez rare sur le marché. Pourtant, c'est ainsi qu'il pourra accorder à l'entreprise sa confiance. La bonne nouvelle, c'est que cela ouvre un boulevard aux entreprises en termes d'innovation et de créativité ! Combler ses clients avec des offres de produits et services compétitifs, mais aussi respectueux de l'environnement, du climat, de la biodiversité, des fournisseurs et des salariés qui les ont conçus, voilà un magnifique défi auquel s'atteler pour faire la différence avec ses concurrents ! Le prix n'étant qu'un paramètre parmi tant d'autres, étant entendu que la définition d'un prix juste – c'est-à-dire juste pour tous – fait partie des conditions de respect et de confiance. C'est ce qu'a si bien démontré Nicolas Chabanne, le fondateur de « C'est qui le Patron ?! » – l'entreprise qui s'est fixé comme mission de réconcilier consommateurs et producteurs, en permettant aux premiers de payer un prix qu'ils estiment juste, et aux seconds de vivre dignement de leur métier.

Petite parenthèse au sujet du prix. Alors qu'au sortir du plus haut de la crise sanitaire, au printemps 2020, toutes les conversations portaient sur la « reprise économique » versus « le monde d'après », des propos tenus dans les journaux et sur les réseaux sociaux ont retenu notre attention. Il était dit, en substance : « dommage que les solutions plus durables soient moins compétitives que les autres ». Mobilité ? Le train serait moins compétitif que l'avion. Nourriture ? Le bio moins que le non bio. L'habillement ? Le *made in* local moins que le *made in* distant. La liste s'étire à l'infini. Et si l'on rétablissait enfin la véritable échelle des coûts ? Élisabeth Laville, fondatrice du cabinet indépendant et *think tank* UTOPIES, a créé dès 2007 Mes Courses pour la Planète, observatoire de la consommation responsable, pour rassembler recherches et études prospectives, et éclairer le public sur ces sujets. Elle détaille dans son dernier cahier prospectif, *Le vrai coût des prix bas – Mes courses pour la planète*[87], les bonnes pratiques internationales, et y présente des avis d'experts. Elle y résume également l'air ambiant et les contradictions inhérentes au sujet : « *Dans notre époque de crise économique qui alterne soldes et promotions toute l'année, sur l'alimentation comme sur le textile ou l'électronique, il est devenu inconvenant d'évoquer une augmentation des prix (*sous-entendu, pour refléter le vrai prix de meilleurs produits pour la santé et l'environnement*), sans être taxé d'une vision "urbaine" et "bobo" des choses qui laisserait sans vergogne sur le côté de la route la grande masse des consommateurs les moins favorisés* ». Et c'est un fait : « *Pour aller au-delà des "gammes vertes pour bobos" et généraliser ladite consommation responsable à l'échelle de la société, la question clé est bien celle du pouvoir d'achat du consommateur* ». Le sujet prix-qualité doit être adressé en allant vers la mieux-disance globale, sans quoi, la victime sera toujours le consommateur. Parenthèse fermée.

Confiance et respect sont donc les deux valeurs clés de l'entreprise contributive. Entre confiance et respect s'ouvre un champ des possibles pour le salarié, dans lequel la liberté d'action doit être totale. La bienveillance envers les salariés

87. Mes courses pour la planète, *Le vrai coût des prix bas – Next Practice #3*, février 2018.

n'est pas une option. Elle conditionne en réalité la perception des clients envers l'entreprise. En effet, la symétrie des attentions pose comme principe premier que la qualité de la relation entre une entreprise et ses clients soit le pendant de la qualité de la relation de cette entreprise avec l'ensemble de ses collaborateurs.

Des entreprises telles que Gore[88], Favi[89], OFA (Once for All) Attestation Légale[90], Chronoflex[91], le groupe Hervé[92] et bien d'autres, de toutes tailles – à retrouver sur l'annuaire des entreprises libérées[93] – adoptent déjà cette posture managériale efficace, pour instaurer un état d'esprit véritablement collaboratif et maintenir l'engagement des collaborateurs. Qui a envie de travailler avec des individus, des hiérarchies ou des collègues suspicieux, qui ne nous font pas confiance ? Personne. Marque employeur, rétention de talents, absentéisme, productivité – tous ces indicateurs sont sensibles à la confiance et au respect. La liberté du « comment agir » sans bureaucratie responsabilise et rend heureux. Surtout, la promulgation de la confiance et du respect coûte moins cher aux entreprises que des systèmes de contrôles sophistiqués à tous les niveaux. La fameuse phrase « *la confiance n'exclut pas le contrôle* » démontre à quel point le management à l'ancienne ne fait pas confiance *a priori*. Il est temps que cette phrase aille rejoindre les dictons éculés des livres d'histoire du management des temps anciens.

88. gore-tex.com
89. favi.com
90. www2.attestationlegale.fr
91. chronoflex.fr
92. groupeherve.com
93. organisationslibérées.fr

## La confiance *a priori*

Certes, il existe, dans les entreprises comme dans la société, entre 1 et 2 % de personnes à qui précisément on ne peut pas faire confiance. Cette absence de fiabilité trouve sa source dans des parcours de vie plus ou moins chaotiques, un sentiment d'injustice, une humiliation non digérée, un mal-être profond… La malveillance est rare. Si la confiance est trahie par des comportements non éthiques, ou si la préservation du bien commun et la satisfaction du client ne sont pas au centre de toutes les décisions, le rôle du management est de comprendre pourquoi une telle défaillance a lieu, avant d'appliquer une éventuelle sanction. Car ce qui peut en découler, à l'opposé des résultats escomptés, est un désengagement contagieux.

En aucun cas une rupture de confiance isolée, si elle est conjoncturelle, n'est une raison suffisante pour soupçonner et donc déresponsabiliser tous les collaborateurs. Il convient d'être à l'écoute des signaux faibles en invitant régulièrement les salariés à exprimer ce qu'ils ressentent, et à prendre part aux décisions qui les concernent directement. Dans une société qui base tout sur la confiance, il est d'ailleurs très facile d'identifier ceux qui, précisément, ne respectent pas les règles de vie établies en consensus.

Par exemple, à la MAIF, les salariés ne sont pas là pour exécuter un process désincarné de sens, mais pour trouver des solutions. Les prises de décision pour trouver ces solutions doivent se situer au plus près de l'endroit où se posent les problèmes à résoudre. Donc ni dans le top management, ni auprès de cabinets spécialisés, mais bien au cœur des équipes. Et c'est précisément là que les salariés à qui l'on aura fait confiance seront fiers des solutions trouvées et donneront le meilleur d'eux-mêmes pour les mettre en œuvre. Forcément, c'est générateur de valeur perçue par le plus grand nombre.

Ce type de management consiste à identifier et chérir ces moments de vérité, car ils conditionnent la satisfaction finale et globale du client, mais aussi des autres parties prenantes parfois plus distantes. Chaque collaborateur doit bien comprendre qu'il ne s'agit plus de faire bien les choses selon les règles de l'art, ou de son propre jugement de valeur, mais de faire la bonne chose pour quelqu'un qui a, en aval, des attentes précises – sur différents fronts, dont celui du juste prix, de la qualité, de la préservation des écosystèmes, du respect…

Ce mode de fonctionnement n'existe pas dans les entreprises silotées et bureaucratisées. Les collaborateurs y effectuent leur travail par habitude, sans savoir précisément ni pourquoi ni pour qui ils le font, et pour certains, se posant même la question de leur utilité dans l'entreprise.

Dans un monde où tout doit changer pour assurer une transition écologique et solidaire, ce mode de management déresponsabilisant est un handicap rédhibitoire. La métaphore des neuf singes et du régime de bananes résume bien le fonctionnement de ces entreprises : neuf singes sont placés dans une pièce où se trouve un régime de bananes accroché au plafond et un escabeau pour y accéder. Rapidement, les neuf singes comprennent comment manipuler l'escabeau pour attraper les bananes. Mais au moment où ils commencent à monter sur l'escabeau, une puissante douche glacée s'abat sur eux. Après moult essais, les neuf singes finissent par renoncer aux bananes. C'est le moment choisi pour remplacer un des neuf singes par un nouveau singe qui n'a pas vu la scène. Ce dernier, évidemment alléché par les bananes, se précipite sur l'escabeau pour tenter de les attraper. Il est rapidement stoppé par ses congénères, qui lui font comprendre que ce n'est pas une bonne idée. Et ainsi de suite, un à un, les neuf premiers singes sont remplacés, et les nouveaux dissuadés par les autres d'atteindre les bananes. *In fine*, lorsque tous les singes ont été remplacés, aucun des nouveaux singes n'a assisté à la scène initiale de la douche. Mais plus aucun ne cherche à monter sur l'escabeau. Lorsqu'un nouveau singe est introduit, les singes restants, ignorant pourtant tout des raisons pour lesquelles il faut décourager le nouveau venu, lui expliquent les règles du jeu. Voilà comment des millions de salariés exécutent tous les jours des tâches vides de sens pour eux (syndrome du *brown-out*), sans chercher à savoir pourquoi, tellement la force de la consigne prime.

L'aversion aux risques est telle dans certaines entreprises que les collaborateurs passent des heures à effectuer des contrôles et du *reporting*, pour un responsable qui lui-même se sert de ces rapports pour son propre N+1. Ce travail, coûteux, est justifié par la recherche de performance, bien sûr, mais aussi de mises en conformité légale ainsi qu'institutionnelle qui s'imposent en entreprise. Le paradoxe étant alors que de l'empilement de contrôle surgisse le risque, l'ultime « contrôleur » portant la responsabilité de la validation finale, alors qu'en dessous, le jeu consiste à se soustraire au contrôle subi. Sans compter que la recherche de conformité n'est pas vectrice de transformation.

## Pour faire autrement, il faut innover dans sa façon d'innover

Les entreprises contributives savent qu'elles doivent se réinventer sur des bases philosophiques, à l'opposé du paradigme qui fait de la « technologie pour la technologie » le principal levier de l'innovation. Disons-le tout de suite, pour nous, la technologie peut être un outil au service de l'innovation, mais ce n'est pas le seul, loin de là, et encore moins son moteur. Le *Customer Electronic Show* de Las Vegas, CES pour les intimes, en est chaque année la caricature. Alors que notre écosystème viable lui-même est en sursis, si une innovation ne peut pas être mise en perspective d'une avancée significative pour le bien-être des populations et de la planète, il sera de plus en plus difficile de la justifier.

Un autre problème est que la transformation numérique en cours, qui concerne l'ensemble des secteurs industriels, a pour conséquence première une augmentation dramatique de la consommation énergétique mondiale. Le secteur de l'IT (technologies de l'information) voit sa consommation augmenter de près de 9 % par an. En comprenant l'énergie grise nécessaire pour fabriquer les *devices IoT* (outils dotés de composants électroniques servant à connecter les objets) de toute nature, l'industrie des *data centers*, et également l'électricité spécifique requise pour faire fonctionner les terminaux, selon l'étude *Lean ICT*[94]. Cette même étude montre que

94. Hugues Ferreboeuf (dir.), *Lean ICT, pour une sobriété numérique*, The Shift Project, mars 2018.

les vidéos constituant 80 % du trafic internet sont consommées à titre de divertissement ou de publicité.

Bien entendu, dans la masse d'innovations portées par l'IT, certaines sont réellement utiles, à condition de savoir évaluer et surtout effacer ces satanés effets rebonds. Ce sont eux qui d'un côté améliorent l'efficacité d'un flux (par exemple, le flux de voitures dans une ville), d'un produit ou d'une technologie, mais de l'autre l'effacent par l'augmentation du nombre d'utilisateurs ou de l'occurrence de l'usage. Ainsi, un objet, une machine, plus efficace parce que l'on aura amélioré son rendement, ne conduit pas à une réduction de la consommation globale. Des matières premières économisées ici ou une énergie non consommée là seront disponibles, et donc immédiatement utilisées ailleurs.

Les performances des composants par unité de puissance produite s'améliorent sans cesse, mais, dans le même temps, cette puissance est absorbée instantanément par les nouvelles possibilités offertes par la technologie du toujours plus : de capacité de stockages et de calculs, de résolution des écrans, de nouveaux usages apportés par les plateformes (streaming), de vitesse... L'un des effets de l'obsolescence marketing programmée des logiciels et des matériels, de la part des géants du numérique, a comme effet collatéral la production de déchets d'équipement électriques et électroniques (DEEE). Ainsi, l'émergence des réseaux 5G accélère la course à la démesure technologique. Ses fers de lance : la voiture autonome connectée pour tous, une communication facilitée en prévoyance de l'explosion des objets connectés, ou encore la recherche de la sacro-sainte vitesse pour télécharger contenus et vidéos. Ceux-ci annoncent une explosion, d'une part, de nouveaux besoins en centres de données parfaitement incompatibles avec le défi climatique, et dramatiquement inquiétants avec la sophistication des cyberattaques, et, d'autre part, de nombre d'objets, d'appareils, de câbles et autres connectiques ou serveurs surpuissants, qui contribuent aux îlots de chaleur et à la déplétion des ressources.

Luc Julia[95], dans son livre *L'Intelligence artificielle n'existe pas*[96], suggère que toutes les merveilleuses promesses de l'intelligence artificielle (IA) combinées à la 5G sont des leurres pour amuser ou faire peur aux crédules et vendre beaucoup de conseil, de logiciels et d'équipement. Mais la consommation d'énergie démesurée de ces technologies rend improbable leur développement à grande échelle. Encore une fois, l'illusion technophile se heurte aux lois physiques. Même si les grands défenseurs de la 5G arguent que son déploiement va servir au pilotage énergétique des villes de demain, en vue de rendre le bâti et la mobilité notamment moins énergivores (ce que nous ne contestons nullement), l'essentiel des autres usages tend en revanche à faire exploser les compteurs.

Inutile de dire que de telles observations sont inaudibles dans la course frénétique à la technologie, d'autant que, selon les défenseurs de la 5G, ne pas entrer dans la course conduira fatalement l'Europe à une vassalité technologique à la Chine et aux États-Unis. En attendant, les technologies, les logiciels, les équipements, les terminaux de ce supposé nouvel eldorado sont massivement conçus et

95. Luc Julia est un ingénieur et informaticien franco-américain, co-créateur de Siri, l'application informatique de commande vocale d'Apple.
96. Luc Julia, *L'Intelligence artificielle n'existe pas*, First, 2019.

fabriqués ailleurs qu'en Europe, ce qui contribue à creuser encore un peu plus notre déficit commercial et dégrader notre empreinte carbone importée. Il va en falloir des nouveaux usages « indispensables » pour compenser les milliards d'investissements qui viendront avant tout enrichir les GAFA, BATX et autres majors de la tech coréenne, chinoise et américaine.

Dans un autre registre, même si les moteurs thermiques ont fait d'énormes progrès ces dernières décennies en termes de consommation, les émissions de $CO_2$ des transports de voyageurs ont été multipliées par 4,2 depuis 1960, et les kilomètres parcourus par 4,7[97]. C'est donc l'intégralité des gains techniques qui a été perdue dans l'effet rebond et l'augmentation des déplacements...

À l'inverse de l'effet rebond, l'entreprise contributive recherche l'effet « débond » qui consiste à profiter des gains de productivité en limitant, voire en réduisant les besoins globaux. La conjonction de ces deux facteurs (efficacité et limitation des besoins) génère un réel bénéfice, mesurable par une baisse continue du prélèvement des ressources dans les milieux naturels, ou par du temps gagné pour des activités ludiques, à condition qu'elles soient elles-mêmes sobres en ressources – ludique n'étant pas nécessairement synonyme de shopping, conduite d'un bolide de plus de 200 chevaux, ou téléchargement 5G d'une série américaine 8K en rase campagne.

97. Aurélien Bigo, « Les transports face au défi de la transition énergétique. Explorations entre passé et avenir, technologie et sobriété, accélération et ralentissement », thèse de doctorat de l'Institut Polytechnique de Paris, 2020. Aurélien Bigo est ingénieur en géologie et diplômé d'un master en économie de l'environnement (EDDEE).

Ainsi, si l'achat d'un appartement mieux isolé ne s'accompagne pas d'une augmentation significative du nombre de mètres carrés habitables ou de kilomètres parcourus en voiture thermique, il en résulte une réduction des dépenses en énergie d'exploitation (chauffage + transport). Plutôt que d'investir l'économie réalisée dans d'autres postes de consommation (partir en vacances en avion par exemple), il est possible de réduire effectivement son empreinte. Ce qui entraîne par là même une seconde réduction des dépenses en énergie fossile.

L'effet débond résonne plus positivement à l'oreille que la décroissance, même si en réalité le but est le même : réduire volontairement les contraintes sur les ressources. Néanmoins, une différence est notable : alors que la décroissance évoque pour une large majorité des individus une limitation de confort, triste et imposée dans une démarche de rationnement, associée à un retour en arrière stérile, l'effet débond conduit à générer plus de bien-être sans sacrifier à un confort minimum. La décroissance par le rationnement serait ressentie comme un drame économique et social, alors qu'une modération des consommations des plus favorisés permettrait à ceux qui n'ont rien d'espérer avoir un peu !

En effet, pour produire la promesse escomptée, l'effet débond ne peut fonctionner que si les citoyens acceptent de « caper » leur consommation globale d'énergie fossile, c'est-à-dire de se fixer une limite à ne pas dépasser, puis de la réduire au maximum.

Nous le savons, si nous souhaitons préserver des conditions habitables sur la Terre en visant sérieusement à ne pas dépasser les 2 °C de réchauffement, le « budget » $CO_2$ de chaque habitant devrait se situer entre 1,6 tonne et 2,8 tonnes par an, selon les hypothèses considérées par le GIEC, entre aujourd'hui et 2100. Rappelons que l'empreinte moyenne d'un Français est aujourd'hui de 8 tonnes par personne, grimpant à 11,2 tonnes en comptant les émissions importées, les plus riches d'entre nous faisant exploser les compteurs via leur consommation de biens manufacturés[98] et leurs loisirs – la population prenant l'avion étant dans cette catégorie, bien sûr. Selon l'ONG Oxfam, en effet, en France comme ailleurs, les 10 % des plus riches émettent 52 % des émissions de $CO_2$ mondiales[99], en augmentation par rapport à 2015[100]... Mais ce sont bien les plus pauvres qui pâtissent le plus des conséquences[101]. Les débats mettant en scène de médiatiques Nostradamus technologiques, agitant la menace des lobbies *green* voulant faire revenir l'humanité de force au Moyen Âge, peuvent temporairement rassurer, mais leurs arguments ne tiennent pas la route. La réduction aura lieu, c'est mathématique : une division par six pour les Français par rapport à leurs émissions de 2015. Toutefois, en fonction des modes de vies et des revenus, la réduction des émissions de gaz à effet de serre pourra varier d'un facteur 1, à plus de 20 selon le niveau de vie des citoyens partout dans le monde. Évidemment, à ce stade, ceux qui ont tout, pressentant qu'il ne leur faille un jour se limiter, invoquent volontiers le droit de ceux

98. Ministère de la Transition écologique et solidaire, Commissariat général au développement durable, « L'empreinte carbone des Français reste stable », janvier 2020. statistiques.developpement-durable.gouv.fr
99. Oxfam, « Combattre les inégalités des émissions de $CO_2$ », 2020. oxfamfrance.org
100. Oxfam, « Inégalités extrêmes et émissions de $CO_2$ », 2015. oxfamfrance.org
101. ONU, « The Challenge of Inequality in a Rapidly Changing World », *World Social Report*, 2020. un.org

qui ont moins à avoir plus… On comprend que cela soit difficile à entendre, encore plus à concevoir, surtout pour ceux qui sont aux manettes et qui ont le pied sur le frein du changement. Veut-on subir ou préparer le style de vie que l'on va, de toute façon, devoir adopter ?

Rappelons au passage que les prospectivistes du secteur des transports (à 99 % carboné) tablaient, avant l'épisode Covid, sur un doublement du nombre de voitures d'ici à 2045, et un quadruplement du trafic aérien entre 2020 et 2050. Pas sûr que cela soit compatible avec l'Accord de Paris… Et si on organisait enfin une économie ultra-performante du plafonnement ? La restriction d'usage n'est pas une restriction de liberté, c'est une garantie de survie.

À l'instar de la gestion du foncier dans les villes, qui est limitée par un plan maximum d'occupation du sol en surface, faisons en sorte de mettre en place un « foncier mobile » pour que les compagnies aériennes, les fabricants de voitures, de bateaux, de motos, soient limités en nombre de véhicules à fabriquer et à exploiter – une sorte de contingentement. Après tout cette pratique existe déjà dans nombre de domaines : les taxis, les pharmacies, les licences IV… Une approche par quota.

Ainsi, en limitant le nombre d'avions ou de voitures, un opérateur privé qui souhaiterait exploiter une ligne aérienne supplémentaire, ou un plus grand nombre de véhicules, devra profiter d'une faillite ou racheter à ses concurrents les machines correspondantes, afin que le nombre total de véhicules en circulation reste le même. Le progrès technique permettra alors de véritablement réduire les émissions sans effet rebond.

Pour parvenir à tout cela, un individu, seul, a peu de chance. Ce dernier devra acheter et surtout louer des produits issus des entreprises contributives, et vivre dans des villes ou des villages aménagés (logement, transport, approvisionnement alimentaire) pour être compatibles avec une consommation maximum de 2 000 watts[102] par habitant, dont 500 watts maximum issus directement des énergies fossiles et le reste des énergies renouvelables. Eurêka ! Ce modèle de société existe déjà. Il a été développé en Suisse dans les années 1990, par l'École polytechnique fédérale de Zurich dans le cadre du programme Novatlantis.

102. Energie Schweiz, « Leitkonzept für die 2000-Watt-Gesellschaft », octobre 2020. local-energy.swiss

Les premières réalisations des quartiers à 2 000 watts sont prometteuses : elles démontrent qu'un peu de bon sens, un mode de construction ultrapassif, une mixité fonctionnelle, une forte mutualisation des infrastructures, une approche multimodale dans les transports de biens et de personnes, et un circuit court d'approvisionnement alimentaire permettent d'atteindre une étonnante sobriété en termes de consommation d'énergie par habitant, sans rien sacrifier au confort.

## Innover avec du sens au service de la raison d'être

Les entreprises contributives innovent en considérant les questions sociales et environnementales, sans privilégier les unes par rapport aux autres. Ce postulat requiert de placer la prise en compte des droits humains, l'efficience énergétique et la frugalité des matières premières utilisées au centre de leur processus d'innovation. Jusqu'à présent, l'essentiel des secteurs industriels a compensé la dramatiquement faible efficacité de ses solutions par une énorme consommation d'énergie et de matières premières. À titre d'exemple, les produits pétroliers, qui représentent plus de 80 % de la consommation énergétique des exploitations agricoles françaises[103], et ce chiffre est sensiblement le même dans tous les pays dits développés. Il est effarant de constater qu'avec l'agriculture industrielle, une calorie alimentaire arrivée dans nos assiettes a nécessité la consommation

103. Ademe, « L'énergie des exploitation agricoles », étude sur la dépendance globale de l'agriculture à l'énergie.

de 7,3 calories d'énergies fossiles (pétrole et gaz)[104] – si ce chiffre concerne les États-Unis, on suppose qu'il est approximativement similaire en France, l'agriculture industrielle se nourrissant globalement de pétrole. Si on ajoute à cela que, au niveau mondial, un tiers de la nourriture n'est pas consommé, du fait des gaspillages tout au long de la chaîne de production alimentaire, dont 14 % avant même d'atteindre les étals[105], on peut affirmer que le rendement net de cette industrie est déplorable. Alors que nous devons absolument renoncer aux énergies fossiles, n'est-il pas urgent de commencer à produire notre nourriture et celles des animaux d'élevage et domestiques autrement ? « *Science sans conscience n'est que ruine de l'âme* », professait déjà Rabelais. Aujourd'hui, son corollaire pourrait être : « innover sans prendre en compte la dimension finie des ressources est un non-sens ». Or il semblerait que les promesses des OGM pour améliorer les rendements aient été surévaluées[106], alors que le budget que les agriculteurs qui les utilisent dédient à ces types de semences et des intrants associés, lui, ne faiblit pas[107]. Est-ce vraiment là que repose l'espoir de nourrir l'humanité ? Il est vrai cependant, à la décharge des mégagroupes privés qui les portent, qu'ils n'ont pas été créés pour améliorer le rapport énergie/calorie.

---

104. Pablo Servigne, « Nourrir l'Europe en temps de crise. Vers des systèmes alimentaires résilients », rapport de 2013. Pablo Servigne est agronome, docteur en sciences et chercheur indépendant et transdisciplinaire.
105. FAO, « The State of Food and Agriculture », 2019.
106. The National Academy of Sciences, « Genetically Enginnered Crops: Experiences and Prospects », 2016.
107. Edward D. Perry *et al.*, « Genetically Engineered Crops and Pesticide Use in U.S. Maize and Soybeans », Science Advances, 2016, vol. 2, n°8.

Toujours dans le domaine agricole, on peut aussi s'interroger sur le prix global de certaines innovations : il faudra bien parler des effets des intrants sur la santé. Comme le recommandent les promoteurs du concept *One Health* promu par l'OIE[108], la prudence et la raison recommanderaient de prendre soin globalement du vivant pour espérer être en meilleure santé. Or les intrants chimiques, en abimant le vivant justement, ne nous rendent pas service. En effet, de la santé des sols – il y a plus de micro-organismes dans une poignée de terre saine que d'hommes sur la planète[109] – à celle des insectes et de leurs écosystèmes, dépend notre propre santé. Pourtant, si l'on prenait sérieusement en compte la toxicité chronique des intrants chimiques sur, par exemple, les abeilles, on interdirait 92 % des insecticides, 79 % des herbicides et 75 % des fongicides. Ces chiffres ne proviennent pas d'une énième étude d'écologistes alarmistes ou d'ONG en alerte, mais de scientifiques œuvrant pour les grands de la chimie de l'agriculture industrielle[110].

La surperformance en termes d'innovation est devenue le cancer de l'innovation. Encore un exemple parmi mille : celui de l'automobile. Plusieurs dizaines d'années après l'entrée en vigueur des limitations de vitesse dans la majorité des pays du monde, les constructeurs automobiles continuent de produire des véhicules qui peuvent atteindre plus de 160 km/h en une pichenette énergétique. Pourquoi ? Simplement pour

108. Organisation mondiale de la santé animale : oie.int/fr/pour-les-medias/une-seule-sante/

109. Agroscope, « La vie dans le sol : à la base de l'agriculture et de l'alimentation », *Rapport annuel*, 2014.

110. Mark John Miles *et al.*, « Improving Pesticide Regulation by Use of Impact Analyses : A Case Study for Bees », 13th International Symposium of the ICP-PR Bee Protection Group, 2017. researchgate.net

satisfaire l'égo des conducteurs. Cette pratique est d'autant plus ridicule que ce n'est pas seulement la vitesse qui est en cause, mais aussi la puissance des moteurs, concourant à augmenter leur consommation – le second facteur aggravant la consommation des voitures étant leur poids. Voilà comment absorber l'essentiel des gains d'efficacité réalisés par l'électronique des moteurs ! Cela n'est pas anecdotique : 29 millions de SUV ont été vendus dans le monde en 2018, représentant plus de 36 % de parts de marché, ce chiffre étant jusqu'ici en constante augmentation[111] – avant la « parenthèse » Covid-19. Or une voiture de plus de 1 800 cm$^3$ qui roule dans n'importe quelle agglomération aura, à moyenne kilométrique équivalente, consommé jusqu'à deux fois plus de carburant qu'une berline deux ou trois fois moins puissante. Comme rappelé par l'Agence internationale de l'énergie (AIE), les SUV annulent radicalement les tentatives du secteur automobile de réduire ses émissions $CO_2$ via l'efficacité des moteurs. Pourtant, la publicité, omniprésente, continue de la présenter comme la nouvelle norme, et pire, joue habilement sur les codes écologiques.

## La start-up mania et l'*open innovation* pour sauver le monde ?

Depuis une quinzaine d'années, tous les espoirs de la réinvention se sont portés sur l'univers enchanté des start-up, dans le cadre des démarches d'*open innovation* – forme d'innovation qui se distingue de celle de la création classique

111. Felipe Munoz, « Global SUV Boom Continues in 2018 but Growth Moderates », jato.com, 20 février 2019.

d'entreprise par le caractère particulièrement disruptif (ici nous ne disons pas innovant car, comme on commence à le voir, l'innovation n'est pas toujours là où l'on croit) de leurs propositions de valeur et/ou solutions commerciales. Les entreprises traditionnelles recherchent le contact avec les start-up qui leur apportent des idées qu'elles ne peuvent plus générer elles-mêmes, compte tenu de la rigidité de leurs processus de management et de maîtrise des risques. Le tout faisant souvent émerger d'autres formes de risques.

L'argent public et privé coule à flot pour soutenir cette frénésie entrepreneuriale, dans l'espoir de voir éclore des incubateurs et autres accélérateurs (couveuses à start-up), les mythiques licornes, ces fameuses start-up de plus d'un milliard d'euros de capitalisation qui, certes, ne garantissent en rien leur profitabilité dans la durée, mais font quand même rêver. À y regarder de près, y compris dans la Silicon Valley, dopée par les budgets de recherche du complexe militaro-industriel américain, les promesses sont très rarement tenues et les désillusions dominent par rapport aux succès durables. Pour les *aficionados* de l'innovation pour l'innovation, c'est la condition pour faire émerger les solutions qui changent le monde. Mais le changent-elles toujours en mieux et de manière inclusive ? Non, sauf si c'était dans le cahier des charges initial, et ça l'est rarement… Le gigantesque gaspillage de ressources financières que la « start-up mania » de ce début de XXI^e^ siècle génère est indécent, alors que cet argent pourrait être fléché vers des investissements à impact positif, dans la fameuse *tech4good*. Quand bien même le terme serait galvaudé, on voit bien quel en est l'esprit.

Avec l'avènement de l'argent facile, issu notamment des fonds de capital-risque, nombre d'entrepreneurs en herbe ont bien compris que le plus important n'était pas tant de réussir à créer une entreprise profitable, sans même parler de son utilité au bien commun, que de soigner le *storytelling* de leur « innovation », volontiers qualifiée de *killer application*, et ce, le plus longtemps possible – traduire : tant que ça marche, je joue. Notons d'ailleurs que les classements et critères de réussite des start-up valorisent davantage leur capacité à lever des fonds qu'à générer du cash. À ce compte-là, pas étonnant que ces histoires entrepreneuriales finissent mal, en général. Pour certains chanceux ou malins, cela se matérialise par la vente à prix d'or de leur start-up à une grande entreprise, avant même d'avoir gagné un sou. Cela permet d'entretenir la légende pour d'autres entrepreneurs et conduit souvent à définitivement tuer l'idée. C'est même, dans certains cas, l'objectif premier, les entreprises installées ayant horreur des nouvelles concurrences, mêmes hypothétiques.

Pour d'autres néanmoins, la fin est plus douloureuse. Car raconter une belle histoire, même avec les meilleurs effets de transitions sur PowerPoint, peut s'avérer insuffisant face à des investisseurs qui, à la longue, s'impatientent. Si, de l'autre côté de l'Atlantique, l'échec est valorisé, ce n'est pas le cas partout dans le monde, plaçant souvent les entrepreneurs dans des situations économiques délicates. Bien sûr, certaines rares start-up finissent par réussir, ou survivent tant bien que mal – les chiffres sont difficiles à accorder, mais, en France, Wydden situe le taux d'échec entre 10 % et 30 %[112]. *In fine*, quelques-unes seulement peuvent devenir des entreprises rentables, avec un modèle duplicable. Enfin parmi elles, seules quelques pépites peuvent revendiquer

112. Wydden, « Les chiffres clés des startups en France », 2019. wydden.com

d'appartenir à la communauté des entreprises contributives. Encore faut-il que cela ait été un objectif !

En 2019, d'après EY, les start-up françaises n'ont jamais levé autant de fonds[113]... Le système des start-up a cela de merveilleux qu'aucune règle ne le régit. La liberté d'entreprendre, quand bien même elle nuirait à celle des autres, prime. Oui, la responsabilité sociétale induit une certaine moralisation de l'économie, pour paraphraser le titre de l'un des ouvrages du philosophe et économiste Amartya Sen[114], prix Nobel d'économie en 1998. Bien que dans ce livre il traite essentiellement de macro-économie, il ne manque pas d'interroger le rôle de l'État dans la redistribution des richesses, les libertés individuelles par rapport à l'égalité sociale, ou encore le développement économique dans un cadre démocratique... De bien étranges idées pour un économiste, mais qui commencent à résonner dans différents cercles, tant les règles économiques actuelles montrent leurs limites. Peut-on seulement imaginer qu'un jour, tout projet « innovant » ne tendant pas vers un bien commun soit purement et simplement ignoré, des financeurs comme des clients ? Nous osons le rêver. D'ailleurs, à quoi peut bien servir une finance qui se voudrait durable, si ce n'est pour flécher les moyens vers ce qui sert l'intérêt général ?

Au-delà du projet de la start-up, un autre effet pervers existe. Pour croître, les entrepreneurs doivent non seulement faire « pivoter » leurs solutions plusieurs fois, mais aussi effectuer régulièrement des levées de fonds, qui ont pour conséquence de diluer progressivement leur participation dans le capital de

113. EY, « Start-up-Barometer Europe », 2019. startup.ey.com

114. Amartya Sen, *L'Économie est une science morale*, Éditions La Découverte, 1998.

l'entreprise. Si cette dernière commence à rencontrer un succès commercial, ou plus généralement une promesse de succès, sa valeur progresse rapidement. En conséquence de quoi l'entrepreneur peut difficilement conserver la majorité des parts, incapable de remonter dans le capital, le prix de l'action se multipliant souvent au-delà du raisonnable. Les exemples de survalorisation des start-up pullulent, tel le douloureux cas de WeWork, qui doit encore hanter les nuits des cadres de son principal actionnaire SoftBank. Résultat : les investisseurs institutionnels, ou ceux issus des entreprises actionnaires, finissent, au prétexte du changement d'échelle dans le processus de développement, par débarquer légalement, et plus ou moins contre son gré, l'entrepreneur fondateur. Ce dernier est remplacé par un « gestionnaire », un type sérieux, moins cher, plus souple (comprendre, moins caractériel) et, surtout, sur qui repose l'espoir de l'accélération de la génération du *free cash-flow*, indispensable pour rembourser les investissements initiaux. Cette pratique plus ou moins éthique et pourtant fort appréciée des investisseurs – donc connue à l'avance des *startuppers* – pourrait facilement être corrigée, en décidant de « caper » la participation des fonds tout en reconfigurant si besoin la gouvernance. Mais elle reste généralisée, se révèle contre-productive, et finit par sanctionner les investisseurs plus avides d'argent facile que d'innovation utile. Une bulle de plus à la surface de la mare aux start-up.

## La réinvention par l'intrapreneuriat

Disons-le tout net, l'entreprise contributive privilégie une autre forme d'innovation, à la fois plus efficace, plus rapide, moins aléatoire et onéreuse. Tous les discours convenus en matière de ressources humaines répètent que l'innovation est au cœur de la stratégie de l'entreprise, affirment que la performance provient des collaborateurs, qu'il n'est de richesse que les femmes et les hommes de l'entreprise... Blabla que tout cela ! De quelle innovation, performance et richesse parle-t-on ? De celles qui consistent à faire bien ce que l'on a toujours fait sans se préoccuper des impacts réels ? Ou de celles qui proposent de faire autrement pour intégrer les fondamentaux de sobriété et de durabilité d'un modèle contributif ? L'injonction d'innovation est d'ailleurs un faux-semblant de la part des directions générales. En réalité, les collaborateurs créatifs et les innovations dérangent. L'obligation permanente d'innover sous peine de disparaître est génératrice de stress et d'incertitude. En conséquence, l'innovation (celle qui conduit à un vrai changement) n'est jamais choisie. Elle est subie par la force des multiples contraintes qui s'accumulent. Généralement, une entreprise innovante et disruptive peut espérer vivre une vingtaine d'années préservée d'une concurrence trop agressive, si elle a su correctement protéger ses inventions, selon Spencer Johnson, l'auteur de *Qui a piqué mon fromage ?*[115]. Après cette période, les brevets tombent dans le domaine public et la concurrence s'exacerbe, donc les marges baissent et il faut tout recommencer.

Sans compter qu'être à la fois créatif et engagé n'est pas perçu comme un gage de valorisation pour la plupart des collaborateurs. C'est même souvent le contraire. Bousculer le *statu quo* et les certitudes irrite les managers sans talent qui, au fur et à mesure de leur progression dans la hiérarchie, ont tendance à rejeter tout ce qui pourrait modifier les

115. Spencer Johnson, *Qui a piqué mon fromage ? Comment s'adapter au changement au travail, en famille et en amour*, Michel Lafon, 2000.

habitudes. Les sacro-saintes traditions maison qui, à l'aune des réussites passées et présentes, continuent de démontrer chaque jour à quel point il est urgent de ne rien changer. Les collaborateurs comprennent d'ailleurs assez vite que la conformité paie plus que l'audace pour progresser dans l'entreprise. Rappelez-vous les neuf singes de notre parabole, peut-être pas si malheureux, au fond, de se couler dans le groupe sans faire d'histoire. Si ce n'est que cette conformité, au-delà de conduire l'entreprise vers l'obsolescence, conduit en même temps les collaborateurs à l'ennui, au sentiment de manque de reconnaissance, au désengagement, voire à la frustration et à la démission des plus talentueux et des plus abîmés – ces paramètres éloignant d'autant la perspective d'engager une disruption positive : gâchis en boucle fermée.

Compte tenu des enjeux qui nous font face, nous savons que, si nous ne changeons pas notre façon de produire, nous courrons à la catastrophe – ou plutôt aux catastrophes imbriquées. Nous savons aussi que les réussites du passé ne garantissent en rien celles du futur. Alors comment un corps social *processé*, doté d'une forte aversion aux risques et imprégné de savoir-faire et de compétences spécifiques, pourrait-il être capable d'imaginer une autre façon de faire ?

Pourtant, il est tout à fait probable que faire confiance aux salariés pour trouver des solutions à la fois innovantes et responsables, c'est-à-dire alignées sur la raison d'être, soit la voie à suivre. Avec de la confiance et du respect, il n'y a plus d'obstacle pour que les salariés intègrent les contraintes nourricières de l'innovation, car ils sont peut-être les mieux placés pour comprendre à la fois le « pourquoi » (la raison d'être) et le « pour qui » (le client). Comme le rappelait le statisticien Edwards Deming, père de la qualité totale : « celui qui fait sait ». Jean-Louis Le Moigne[116] souligne, dans son ouvrage *La Modélisation des systèmes complexes*[117], que toutes les personnes en situation de travail ont une capacité universelle à effectuer des raisonnements, également qualifiés d'heuristiques, qui leur permettent de résoudre des problèmes sans se fonder sur une modélisation formelle. Cela consiste essentiellement à fonctionner par des approches successives, en s'appuyant notamment sur des similitudes avec des problèmes déjà traités, afin d'éliminer progressivement les alternatives, et ne conserver qu'une série limitée de solutions pour tendre vers celle qui est optimale (c'est-à-dire la plus sobre en ressources).

Quand les salariés détectent ou imaginent une nouvelle façon de « faire en rupture », trois choix s'offrent à eux. Premièrement, ne rien dire, car la possibilité que cette nouvelle idée soit prise en compte est proche de zéro dans les entreprises managées par la certitude et la conformité, pour ne pas dire la rigidité. Deuxièmement, proposer l'idée à leur hiérarchie et se lancer dans un parcours trop semé d'embuches pour la concrétiser, et finalement démissionner en vue de développer ailleurs leur invention. Troisièmement, entreprendre en interne pour réaliser le projet avec le soutien de l'entreprise. C'est ce que l'on appelle l'intrapreneuriat.

L'intrapreneuriat est une alternative qui consiste à définir en interne un cadre clair, pour faire émerger les idées disruptives des collaborateurs et leur permettre de les développer commercialement. Ce cadre comprend le droit à l'erreur,

116. Jean-Louis Le Moigne est un spécialiste français de la systémique et de l'épistémologie constructiviste.
117. Jean-Louis Le Moigne, *La Modélisation des systèmes complexes*, Dunod, 1999.

bien entendu, un soutien bienveillant des fonctions supports nécessaires au projet, la possibilité de prototyper plusieurs fois, et donc le temps nécessaire pour le faire, ainsi qu'un intéressement significatif en cas de succès, et de la reconnaissance. Ce n'est pas simple. Les histoires réussies d'intrapreneuriat ne sont pas légion, mais c'est sans doute mieux que dans les entreprises qui ne jurent que par le rapprochement exclusif avec des start-up. Oui, l'intrapreneuriat génère des tensions, des jalousies et même des guerres d'ego entre collaborateurs. Les entreprises n'ont pas encore la culture de l'intrapreneuriat, qui évidemment va mettre du temps à infuser. Mais ne jetons pas le bébé avec l'eau du bain. L'intrapreneuriat, à condition de savoir bien détecter les porteurs de projets les plus aptes, peut constituer une base très positive pour aller vers l'entreprise contributive. Car, rappelons-le, il convient d'arrêter de croire que les meilleures idées naissent à l'extérieur de l'entreprise : c'est faux.

Quelle que soit sa genèse, l'innovation, pour l'entreprise contributive, est par définition frugale, c'est-à-dire autant que possible autoproductrice de ses ressources, utilisatrice de justes technologies, intégrée dans un écosystème vertueux, et bien sûr sans émissions de $CO_2$ sur l'ensemble de son cycle de vie. Impossible selon vous ? Alors ne lisez pas ce qui suit.

## L'avènement de la juste tech ?

Ne croyez pas que l'ingéniosité *low tech* est une version dégradée de l'innovation technologique, ni qu'il s'agit d'une « sous tech » ou d'une « pauvre tech », voire d'une tech des pauvres… Bien au contraire, la juste technologie intègre l'innovation la plus élaborée, la plus aboutie – c'est-à-dire débarrassée de ce qui est inutile. Philippe Bihouix, auteur de *L'Âge des low tech*[118], nous éclaire d'ailleurs sur cette façon de penser autrement l'innovation technologique. Et ne perdons pas de vue que toute innovation n'est pas nécessairement technologique…

Force est de constater que l'usage de la technologie désincarnée du bon sens (utiliser une voiture pour de courts trajets alors que rien ne le justifie, par exemple) nous a surtout rendus fainéants et dispendieux en ressources ! Le marqueur de notre civilisation est en effet devenu, et ce dans la plus grande indifférence et normalité, celui du gaspillage des ressources par le mésusage simultané de la technologie et de ces mêmes ressources. Le fameux *flyboard* en est une illustration : ce génial joujou volant consomme 20 litres de kérosène pour six minutes de vol, autant dire qu'il n'y a aucune chance qu'il soit « 1,5 °C compatible » avec l'Accord de Paris ! Il ne correspond pas en l'état à la définition d'une innovation contributive qui prend en compte les communs, mais seulement à celle d'une innovation techno-centrée. Quand bien même un jour il sauverait *des* vies, il ne sauvera pas *la* vie.

Les publicités sont un autre exemple du gaspillage normé. Ceux qui ont séjourné suffisamment longtemps aux États-Unis ont peut-être vu ces hallucinantes publicités incitant à l'achat de produits jetables et rendant communs ces comportements. Vous souvenez-vous de ce slogan pour un papier absorbant, *« the quicker thicker picker upper »* ? On voyait dans la publicité des ménagères utiliser le papier

118. Philippe Bihouix, *L'Âge des low tech. Vers une civilisation techniquement soutenable*, Éditions du Seuil, coll. « Anthropocène », 2014.

pour nettoyer une table, éponger une tache ou encore laver du raisin sous le jet du robinet de l'évier : tout ce qui aurait pu et donc dû, dans une société sobre, être fait avec un chiffon lavable, une éponge ou une passoire. Mais si jeter est la norme, alors on achète du papier absorbant.

Dans un autre registre, la très attendue IA, que certains présentent comme l'énième révolution industrielle, a, elle aussi, des problèmes de sobriété ! AlphaGo, un astucieux programme développé par Google DeepMind, a battu un Coréen expert du jeu de Go en 2016. Formidable, si ce n'est que cette machine s'appuie sur l'équivalent de la puissance de calcul de 2 000 ordinateurs, soit un petit *data center* qui dépense 440 kWh. Comparé à l'esprit humain de l'expert qui ne dépense qu'à peine 20 Wh (soit l'équivalent d'une ampoule de faible puissance), n'est-ce pas disproportionné pour jouer au Go ? D'autant que, comme le précise Luc Julia : « *L'esprit humain ne fait pas que jouer au Go, il sait faire des quantités d'autres choses. Il faut se calmer, avec l'intelligence artificielle. Pour l'instant, cela se résume à une débauche de data et d'énergie pour faire des choses limitées* ». Bien sûr, Deepmind peut être programmé pour d'autres usages. Cette intelligence artificielle étudie d'ailleurs l'utilisation des algorithmes pour réduire la consommation d'électricité. Mais étudie-t-elle aussi ses propres effets rebonds ? Probablement pas, puisqu'ils se situeront du côté de l'usage, pas de l'outil… Quelle mise en abîme technologique.

N'y a-t-il pas dans la société de vrais sujets sur lesquels plancher pour faire émerger des idées d'innovation ? Rappelons quelques données : un tiers de ce que nous produisons comme calories alimentaires est gaspillé, comme vu précédemment ;

un tiers des poissons pêchés n'est pas consommé[119] ; 58 % des trajets domicile-travail en France de moins d'un km se font en voiture[120], le plus souvent en « autosolisme » ; d'après le Centre d'études sur les réseaux, les transports, l'urbanisme et les constructions publiques, les voitures passent 95 % de leur vie à l'arrêt et occupent, entre stationnement et circulation, 95 % de l'espace public à Paris ; dans la capitale, toujours, le taux d'occupation des bureaux avoisine les 50 %[121] dans le meilleur des cas – et ce taux va s'effondrer à la suite des habitudes prises pendant la crise du Covid-19, alors que partout en France le télétravail aura été encouragé et a démontré pertinence et efficacité ; 4,8 millions de logements qualifiés de « passoires thermiques », soit 17 % du parc de l'hexagone[122], c'est moins que les 7 millions dénombrés jusque-là mais c'est encore trop ; en France, la quantité de déchets produits, toutes sources confondues, a doublé en 40 ans[123] ; nous jetons encore 48 % de nos déchets dans la poubelle grise, dont 11 % relève du gaspillage alimentaire[124] ; la France, premier producteur de déchets plastiques de la région méditerranéenne, avec 4,5 millions de tonnes, soit 66,6 kg par personne, ne parvient à en recycler que 22 % – ce qui expliquerait la fuite de quelque 80 000 tonnes dans la nature[125]. La liste est infinie.

119. Food and Agriculture Organization of the United Nations, « La situation mondiale des pêches et de l'aquaculture », 2020. fao.org

120. INSEE, « Partir de bon matin, à bicyclette… », 2017.

121. Flore Pradère, « Flex-office : "sans bureaux fixes" désespérés ou collaborateurs libérés ? », *JLL*, 21 juin 2018.

122. Ministère de la Transition écologique, « Le parc de logements par classe de consommation énergétique », 2020.

123. ADEME, « Les déchets en quelques chiffres », 2019.

124. ADEME, « Déchets : chiffres-clés », 2019.

125. WWF, « Stoppons le torrent de plastique ! », 2019.

En ce qui concerne le sujet des emballages justement, sous le prétexte – que nous ne remettons pas en question – de protéger la santé des personnes et l'intégrité des biens, mais aussi de mettre en valeur les produits et de les différencier, la tendance à l'utilisation du plastique à usage unique est toujours haussière – tendance qui se confirme années après années même depuis que la Chine a décidé de fermer ses frontières à notre plastique à recycler, et étend depuis la liste des déchets concernés[126]. On ingère l'équivalent d'une carte de crédit de plastique

126. « Exportation des déchets : la Chine referme un peu plus la porte », *Actu Environnement*, 2019.

par semaine[127]. Quelle unité de mesure bien choisie, quel symbole... Les micro-plastiques, dont les origines sont multiples, sont désormais partout, du sommet de l'Everest au fond des océans, en passant par le fœtus humain[128]. Bien sûr, on légifère à la source, dans certains pays, mais encore doucement, avec force pincettes pour ne pas brusquer les marques, les industriels, les professionnels de l'emballage, de la plasturgie, voire les recycleurs.

Allons encore plus loin : et si nous décidions de standardiser les contenants pour les produits manufacturés du quotidien, telle la bouteille de vin de Bordeaux qui est la même pour tous les Châteaux ? Qui viendra manifester pour exiger des formes de flacons différentes ? L'avantage de la standardisation, c'est de faciliter le réemploi, et le réemploi est la clé pour la réduction des déchets. La standardisation n'est pas un frein à l'innovation, et encore moins à l'imagination, au contraire c'est un levier créatif. Et pour différencier les contenants standardisés ? Il suffit que le marketing décide de faire *designer* les étiquettes par des artistes ! Lutter contre la standardisation n'a rien à voir avec l'affirmation de son identité : peu le savent mais les composants des voitures d'aujourd'hui n'ont jamais été aussi standards, alors que ces mêmes voitures n'ont jamais été aussi personnalisées à leurs utilisateurs...

127. WWF, « De la nature aux humains : jusqu'où iront les plastiques ? Revue des études existantes sur la nature de l'ingestion des plastiques par les humains », 2019.

128. Antonio Ragusa *et al.*, « Plasticenta: First Evidence of Microplastics in Human Placenta », *Environment International*, Elsevier, 2021, vol. 146.

## Faire moins pour avoir mieux

Peut-être les mêmes adeptes du système marchand pensant trouver leur bonheur dans la consommation et la possession conviendraient-ils que réduire drastiquement le gaspillage ne diminuerait pas leur satisfaction… Si certaines innovations du XX^e^ siècle ont pu faire gagner du temps aux utilisateurs et leur faciliter la vie, elles avaient surtout pour objectif de faire grandir la marge des entreprises. Les innovations du XXI^e^ siècle doivent avoir comme objectif premier, si ce n'est unique, d'aider les communautés humaines et les industriels à réduire le gaspillage. Pour cela, nous n'avons pas d'autres choix que de migrer de l'économie de la possession à celle de l'usage. La « mise au régime » obligatoire qui nous attend, du fait de la raréfaction des ressources et de la contraction des flux physiques en cours, sera ainsi moins difficile à supporter, voire elle nous libérera du fardeau de la possession, dont l'addiction et la crainte de tout perdre génèrent du stress. Se pourrait-il un jour qu'il devienne plus *cool*, tendance, chic et désirable de louer et de prêter, plutôt que d'acheter ?

Tout réside dans le talent de publicitaires, communicants et influenceurs, ainsi que dans l'audace de certaines marques avant-gardistes. Un exemple ? L'emballage de la bouteille de champagne Ruinart[129]. Il fallait oser : rompant avec les codes traditionnels du luxe, la marque opte pour du papier moulé autour de la bouteille, sans colorant, neuf fois plus léger que l'emballage précédent. Fini les boîtes et la cellophane ! Certains acteurs du luxe auraient-ils déjà

129. « Découvrez notre packaging éco-conçu à la Grande Épicerie », ruinart.com

interprété différemment les codes de l'innovation dans leur secteur ? Ceux qui font preuve d'audace seront-ils suivis ?

L'innovation dans l'entreprise contributive est, nous l'avons vu, guidée par la sobriété poussée à l'extrême. Se réinventer dans une économie sous la double contrainte climatique et énergétique requiert, avant tout, de réhabiliter la technologie au service de l'ingéniosité et du bon sens. La basse (*low tech*) et la « juste technologie » des entreprises contributives leur permettent d'innover en conscience, c'est-à-dire en réfléchissant aux impacts potentiels, aux risques de détournement d'usage et aux effets rebonds parasites, tout en imaginant les « souffrances » des clients que la solution est censée vouloir soulager.

Ainsi l'électroménager par lequel on a voulu libérer la femme des tâches ménagères. Les années 1950 et 1960 ont vu naître de réelles innovations qui ont permis aux femmes de cesser de faire les lessives ou la vaisselle à la main. Ces marqueurs ont allégé leur travail, dans des sociétés encore patriarcales, alors que l'emploi féminin et l'émancipation gagnaient du terrain. Mais convenons aussi que, avec la promesse de se défaire de tâches difficiles et de gagner du temps, les industriels et les marques se sont construit une belle rente, souvent aux dépens de femmes et d'hommes parfois très loin du foyer consommateur (en Asie principalement), qui ont puisé les ressources nécessaires à la construction de ces objets, assemblé ces machines, et qui gèrent ensuite plus ou moins sainement la fin de vie – le tout impactant leur santé et les écosystèmes. Et souvent même, aux dépens des foyers consommateurs obligés de « travailler plus pour continuer à s'équiper parfaitement ». Alors, où est la libération ? On grossit le trait ? À peine. Réfléchir aux problématiques générées depuis l'anthropocène oblige à faire face à nos contradictions.

Au sortir de l'initiative de la Convention citoyenne pour le climat, il est intéressant de noter que l'une des recommandations proposait d'obliger les fabricants et les marques à inscrire sur leurs publicités un message incitant le consommateur à s'interroger sur son besoin réel, avant de passer à l'achat. Impensable il y a encore quelques temps, cette proposition interpelle et démontre que, informés, voire formés aux enjeux, et placés en position de faire des propositions concrètes, des citoyens envisagent une réglementation qui pourrait être qualifiée d'extrême par les pourfendeurs de la liberté d'entreprendre et de vendre sans entrave. Adaptation du « mangez moins sucré et moins gras », serait-ce un premier pas vers la mise au régime de la société de consommation ? La proposition n'a jamais vu le jour tant les boucliers se sont levés. Mais la graine est plantée et les vents sont en train de tourner.

## « *Think different* »... chiche ?

Il nous faut donc repenser l'innovation, l'orienter vers l'économie de ressources, questionner nos besoins chaque fois que possible, pousser la logique de l'écoconception bien plus loin qu'aujourd'hui. Loin d'une démarche obscurantiste ou opposée au « progrès », il s'agit bien de rechercher les technologies les plus appropriées, passées, présentes ou futures.

Un exercice délicat, face à des « besoins » humains nourris par la rivalité mimétique (tu l'as acheté alors je le veux aussi !), une frontière floue entre « fondamentaux » (sans lesquels on pourrait difficilement vivre dans notre société) et « superflu » (qui fait aussi le sel de la vie), et volonté des entreprises de développer leur chiffre d'affaires.

On peut ainsi imaginer toute une gamme d'actions, plus ou moins compliquées ou longues à mettre en œuvre, plus ou moins acceptables socialement :

– bannir le jetable au profit du réemployable, les supports publicitaires pour les produits climaticides, l'eau en bouteille sans justification sanitaire ;

– revenir à des emballages consignés, composter les déchets même dans les villes denses ;

– brider progressivement la puissance et la vitesse des véhicules, et les alléger, inciter à passer au vélo – pourquoi pas électrique parce qu'accessible à presque tous ;

– réduire les températures de consigne dans les logements et accepter d'enfiler des pullovers (il est bien plus efficace, plus simple, plus rapide et moins onéreux d'isoler les corps qu'un logement) ;

– revisiter l'urbanisme et l'aménagement du territoire pour limiter les mouvements pendulaires (la ville du quart d'heure) entre des zones où l'on travaille, on vit et on se ravitaille ;

– opter pour des vacances locales : le vrai changement, c'est lorsqu'on pourra dire sans rougir et sans frustration que l'on a passé ses vacances à Fontainebleau, lorsque l'on habite à Paris.

Ensuite, l'innovation doit permettre de recycler au mieux les ressources lorsque le réemploi n'est pas possible. Mais pas dans le sens où le recyclage ne serait qu'une façon d'accepter de jeter ! Il s'agit de réduire nos déchets globalement en même temps que d'imaginer mieux les recycler, car le recyclage, quel qu'il soit, est toujours consommateur d'énergie, et dans quasiment tous les cas ne permet pas une utilisation de la matière à l'identique. Au mieux, elle est dégradée ; au pire, le recyclage n'est qu'une pauvre tentative de ralentir la course du déchet vers sa destination finale : l'incinérateur, la nature, la mer.

Donc recycler, oui, mais surtout augmenter la durée de vie de nos objets, les repenser en profondeur, les concevoir simples, robustes et conviviaux, réparables et si possible réutilisables, standardisés, modulaires, à base de matériaux sommaires, faciles à démonter. Les ressources rares et irremplaçables ne doivent être utilisées qu'avec parcimonie, le contenu électronique limité. Quitte à revoir le « cahier des charges » : accepter le vieillissement ou la réutilisation de l'existant, une esthétique moindre pour les objets fonctionnels, parfois une moindre performance, de l'intermittence, une perte de rendement ou un côté moins « pratique »... Ainsi en va-t-il du moulin à café et de la cafetière de grand-mère en verre à poussoir ou en métal, à placer sur une source de chaleur. Ce n'est peut-être pas une si mauvaise alternative, dans nombre de cas d'usage, à la machine « électronique » dernier cri générant tôt ou tard un déchet DEEE[130], mais à quel prix ? En tout cas, on y sent un arrière-goût de marketing, de pub et de R&D, dans une décomposition du prix que l'on pourrait tenter d'opérer, mais elle n'est pas disponible, bien sûr. Cela est

130. Déchet d'équipement électrique et électronique.

un autre débat. Quoique, Fairphone l'a bien fait pour ses smartphones, dont la chaîne de valeur et de production est autrement plus complexe[131]... Transparence oblige.

L'innovation doit enfin réinventer nos modes de production, remettre en question la course à la productivité et aux effets d'échelle dans les giga-usines, revoir la place de l'humain, le degré de mécanisation et de robotisation parfois injustifié, le nombre de gigas, de pixels et de puissance de nos appareils électroniques, dont on n'utilise pas au fond le dixième des fonctionnalités, ainsi que notre manière d'arbitrer entre main-d'œuvre et ressources. Il ne s'agit pas de « démécaniser » jusqu'au rouet de Ghandi et la traction animale ! Mais en réimplantant des ateliers et des entreprises à taille humaine, en fabriquant des biens durables, équipés de quelques machines simples et robustes, et en conservant un certain nombre d'acquis (comme la commande numérique), on devrait pouvoir conserver une bonne part de la productivité actuelle, tout en baissant le contenu énergétique, sans sacrifier au confort ni même au design ou à la beauté des objets. Ces unités de fabrication, moins productives mais plus intensives en travail humain, et plus proches des bassins de consommation, seraient articulées avec des réseaux de récupération, réparation, revente, et partage des objets du quotidien. La recherche d'efficacité énergétique, d'éco-conception et de circularité ne pourrait-elle pas devenir, au-delà d'une source infinie d'innovation, le graal de l'innovation, source de beauté, de noblesse, d'une nouvelle forme de sophistication et de désirabilité ?

131. Fairphone détaille la composition du prix de ses appareils : fairphone.com

Persuadons-nous enfin que les innovations les plus remarquables sont issues de processus écosystémiques. C'est-à-dire que la consanguinité de la recherche à l'intérieur d'une même discipline ou fonction ne produit pas souvent de bons résultats. Pour créer, il est nécessaire de mixer les compétences, les sciences, les cultures. Il existe là aussi des méthodes collaboratives pour faire travailler des individus, issus de filières différentes, qui ont rarement l'occasion de combiner leurs actions pour fournir une solution. Nous vivons le moment où le décloisonnement ne doit plus être un slogan de convention.

## Vers l'innovation *low tech*

Sur la base de ces réflexions, le concept d'une innovation *low tech* prend tout son sens, et potentiellement de l'ampleur. Et si la véritable *high tech* était la *low tech* ? Prenons comme exemple parmi mille la fabrication du verre technique qui requiert des équipements industriels sophistiqués : il est fabriqué par fusion du sable à plus de 1 000 °C en présence de fondants tels que la soude. Ce procédé de fabrication est certes efficace, mais il est extrêmement consommateur d'énergie et de ressources. *A contrario* des microalgues microscopiques, abondantes dans le plancton marin, fabriquent du verre dans des conditions très douces avec une consommation d'énergie anecdotique. En réalité, lequel de ces deux procédés doit être considéré comme *high tech* dans notre représentation mentale ?

La *low tech* ne doit pas être assimilée à de la sous-qualité, c'est tout le contraire. Son avènement va requérir la meilleure des sciences de l'ingénieur. Le vrai génie de demain sera de produire de la Haute technologie frugale (la HTF, le terme est de nous, il n'y a plus qu'à créer l'école d'ingénieur qui l'enseignera). Organisons des concours de frugalité dans les écoles d'ingénieurs – d'ailleurs certains existent déjà. Mettons au service de la frugalité l'esprit de compétition qui anime souvent les individus. Organisons des hackathons de la sobriété, et ne doutons pas que nos ingénieurs sauront inventer des solutions à la fois astucieuses et socialement utiles.

Certains donneurs de leçons médiatiques fustigent les *low tech,* arguant qu'elles condamneraient à mort des millions de personnes, notamment dans le secteur médical. Ces anges de l'aveuglement n'ont rien compris à l'esprit *low tech* qui est au contraire l'expression du génie au service de l'utilité pour le plus grand nombre. L'Inde, en 2017, a mis sur orbite 104 satellites avec une seule fusée aux capacités optimisées, dans une démarche *low cost*. Le *low cost* peut être le meilleur ami de la *low tech,* si toutefois les variables d'ajustement ne sont pas les salaires, les conditions de travail ou la prédation des ressources.

Une innovation durable est une innovation qui intègre les contraintes sur les ressources, et en conséquence se focalise sur le développement de technologies sobres, agiles et résilientes, mais aussi sur les composantes organisationnelles, sociales, sociétales, commerciales, culturelles, systémiques... de l'innovation. Une innovation permettant d'explorer d'autres voies, complémentaires (au moins dans un premier temps), voire alternatives (à terme) à l'innovation *high tech* traditionnelle.

C'est ainsi que se développe un intérêt croissant pour les modèles agricoles alternatifs (permaculture, agroforesterie...), parallèlement à la « smart agriculture », à base de robots, drones et big data. Des expériences « d'éco-industries locales », de recycleries, de ressourceries, d'ateliers de réparations locaux et collaboratifs, naissent un peu partout, dans l'ombre de l'industrie 4.0 et des imprimantes 3D. Des initiatives *zero waste* (zéro gâchis/zéro déchet), de circuits courts, de réintroduction de la consigne ou de vente en vrac, de compostage et valorisation des déchets, se multiplient, loin des entrepôts géants de la logistique. Des concepts récents, comme la ville résiliente et inclusive, propre au mouvement des villes en transition de Rob Hopkins, ramènent de la raison face aux promoteurs des *smart cities* techno-centrées qui considèrent que la data est aussi précieuse que l'eau potable. Remettons si possible les notions de souplesse et d'ingéniosité dans la notion même de *smart,* autour de laquelle se construisent les projets urbains qui reposent sur la technologie, la data et les équipements.

La démarche *low tech* présente des avantages notables, au-delà de l'économie de ressources et de son effet « accélérateur » sur la transition énergétique et écologique, notamment :

– en étant créatrice d'emplois, porteuse de sens et d'accomplissement individuel ;

– en s'ancrant localement, avec des activités de proximité créatrices de lien social ;

– en participant à la résilience des territoires, permettant de moins dépendre de flux logistiques complexes transnationaux, de fluctuations de prix sur les marchés mondiaux, de risques externes ;

– en portant une vision d'avenir différente du « *business as usual* », permettant d'installer et d'expérimenter un récit positif et malgré tout réaliste...

De nombreux acteurs commencent à s'intéresser à la question : écoles d'ingénieur, de design, cabinets d'architecture, grandes et petites entreprises, entrepreneurs de l'économie sociale et solidaire, organismes publics, acteurs de la transition énergétique, responsables politiques territoriaux à toutes les échelles... À condition de faire évoluer les règles du jeu, nous avons largement les moyens financiers, techniques, sociaux et culturels de construire des infrastructures, outils, produits et services soutenables pour notre civilisation. Dans cet immense chantier, les entreprises devront prendre leur place. À nous de redonner du sens à l'entrepreneuriat ! Inscrivons la sobriété consubstantielle au *low tech* dans la raison d'être de l'entreprise.

## La nature comme source d'inspiration pour l'innovation

Pour innover intelligemment, la meilleure source d'inspiration se trouve donc dans le vivant. Léonard de Vinci, nous incitant à prendre nos leçons dans la nature, avait raison évidemment. Aucune université ou start-up, aucun département innovation d'une grande entreprise ne pourra jamais rivaliser avec les plus de 3,5 milliards d'années d'évolution et de R&D du vivant. Ainsi, le premier laboratoire d'inspiration de l'entreprise contributive se trouve dans les forêts, les océans, la terre, et plus généralement, partout où le vivant opère sa magie. La bio-inspiration possède toutes les caractéristiques des objectifs de frugalité de l'entreprise contributive : elle révèle une remarquable économie de ressources, une sobriété énergétique inégalée, une capacité à produire de manière collaborative et sans production de déchets, le tout sans équivalent, même proche, avec la plus efficace machine créée par l'être humain. Biomimétisme et bio-inspiration doivent devenir la révolution de l'innovation du XXI^e^ siècle. Nous avons tout à gagner à appliquer à l'innovation les principes de l'évolution, plutôt que ses produits. Ce qu'il faut copier ce n'est pas seulement la forme, mais le système. S'inspirer ne veut pas dire singer.

Si la bio-inspiration est assurément la voie à explorer, elle correspond à un changement de paradigme. Puiser son inspiration dans le monde des végétaux, des animaux, des champignons, des bactéries et des virus exige en effet de nouvelles méthodes de conception. De grâce, faisons preuve d'humilité et arrêtons de prétendre dominer la nature. Cette approche qui se sert du vivant comme modèle ne consiste pas seulement à copier une forme naturelle pour gagner en efficacité – comme les concepteurs d'aéronefs l'ont fait en adaptant les formes des ailes d'avion au regard de celles des oiseaux –, mais étudie et analyse les relations entre les espèces. Il s'agit d'une pratique ancienne, puisque déjà nos lointains ancêtres s'inspiraient du vivant pour la chasse, l'identification de variétés de plantes médicinales ou encore l'élaboration de techniques constructives… Kalina Raskin, docteure en biologie et directrice générale du Ceebios[132], précise que le biomimétisme, qui consiste à s'inspirer du

132. Ceebios, Centre d'études et d'expertises et Réseau d'acteurs industriels et académiques national dont l'objet est l'accélération de la transition écologique et sociétale par le biomimétisme : ceebios.com

vivant pour innover de façon soutenable, « *n'est ni une filière, ni une discipline. Il s'agit d'une approche scientifique de transfert de connaissances de la biologie vers d'autres disciplines, qui s'applique de ce fait à tous les domaines d'activités. Il est intéressant de constater la convergence évolutive entre les grandes orientations politiques en termes de gestion des ressources et le "cahier des charges" développé par le vivant. Dans le domaine de l'énergie par exemple, les grands axes de développement futurs misent sur l'exploitation des énergies renouvelables, et en particulier l'énergie solaire, la séquestration du carbone atmosphérique, ou encore l'optimisation de la consommation énergétique en fonction des cycles journaliers ou saisonniers. Or, ce sont les stratégies largement éprouvées par le vivant*[133] ».

Un champ d'application systémique déjà largement exploré est celui de l'agriculture. L'agriculture éco-mimétique, l'agroforesterie ou encore la permaculture sont de nouvelles approches de l'agriculture, et en particulier du maraîchage, faisant converger pratiques et savoir-faire traditionnels avec les connaissances issues de l'agronomie moderne : réinstaller la vie dans les sols, diversifier les essences végétales sur une même parcelle, en associant aussi les arbres, et favoriser la colonisation par d'autres espèces (insectes, oiseaux...). Allant plus loin, Kalina Raskin souligne qu'« *un nombre croissant de personnes s'intéresse au biomimétisme appliqué aux organisations humaines, pour penser de nouvelles formes de management, mais se heurte à la difficulté de trouver le bon modèle. Doit-on utiliser un modèle de primates ? Un modèle*

133. Son analyse est détaillée sur le blog de l'entreprise contributive, dans de nombreux articles et dans un ouvrage collectif, co-dirigé avec Gauthier Chapelle : *Humanité bio-inspirée*, Le Cherche Midi, 2020.

*de colonies d'insectes ? Les travaux académiques sont encore trop rares pour passer de la métaphore au modèle* ».

Dans son ouvrage *L'Entraide, un facteur de l'évolution*[134], Pierre Kropotkine, explorateur, géographe, zoologiste et anthropologue russe de la fin du XIXe siècle, puis plus récemment Pablo Servigne dans *L'Entraide, l'autre loi de la jungle*[135], démontrent que la collaboration à l'intérieur même d'une espèce animale ou végétale, ainsi qu'entre les espèces, est extrêmement développée. L'éthologie des fourmis et des abeilles, le comportement altruiste des loups, des manchots, des dauphins, des primates, la réciprocité des arbres, les liens entre les êtres vivants, y compris avec les bactéries et virus, bref, toutes ces espèces vivantes ont appris à développer des stratégies élaborées de collaboration pour vivre dans et avec leurs milieux. Les entreprises contributives développent des stratégies de collaboration avec leurs parties prenantes pour leurs solutions commerciales. Pour cela, elles explorent des méthodes éprouvées d'éco-conception, telles que le *Cradle to Cradle* (C2C) formalisé par le chimiste allemand Michael Braungart et l'architecte américain William McDonough, ou encore les principes de l'économie bleue de l'économiste et entrepreneur belge Gunter Pauli[136].

La forêt en elle-même est un milieu riche d'entraide, en ce sens que tout organisme vivant profite des autres et contribue à l'enrichissement d'une forme de bien commun. L'idée d'« usine forêt » qui s'inspire de cet écosystème dans lequel rien ne se perd pour tout co-créer, commence à

---

134. Pierre Kropotkine, *L'Entraide, un facteur de l'évolution*, Écosociété, 2005.
135. Gauthier Chapelle, Pablo Servigne, *L'Entraide, l'autre loi de la jungle*, Les Liens qui libèrent, 2017.
136. Gunter Pauli, *L'Économie bleue*, L'Observatoire (2e éd.), 2019.

émerger comme vu avec l'exemple précurseur d'Interface. Parviendra-t-on à cette harmonie ? L'objectif est ambitieux, mais une grande marge de progrès existe et doit être visée.

Bien entendu, la compétition existe aussi dans la nature, et nous savons qu'elle est vecteur d'émulation et d'efficacité. Même processus pour les humains, chez qui on voit bien que la rivalité entretenue d'acteurs d'un même marché pousse chaque partie à redoubler d'efforts d'innovation. Cependant, le processus est généralement opéré sans réelle – ou plutôt aucune – volonté de satisfaire les besoins latents des clients cibles, et encore moins de réduire significativement « les souffrances non exprimées », y compris celles du vivant. Cette course folle à l'innovation désincarnée de sens a pour effet, si ce n'est pour objet, de conquérir des marchés, d'éliminer les concurrents, ou *a minima* de les affaiblir. C'est donc une rhétorique de guerre, non de coopération, encore moins d'entraide.

Pourtant, l'ultracompétition est destructrice de valeur sociale et environnementale, dès lors que les marchés deviennent matures ou que la production de l'offre dépasse la demande. Les exemples ne manquent pas. À force de délocaliser dans les pays à (toujours plus) bas coût de main-d'œuvre, l'industrie textile mondiale a produit des clusters d'entreprises monstrueuses de cynisme, dans lesquels les conditions de travail des ouvriers (dont beaucoup d'ouvrières…) et le bien-être animal sont bafoués. Et cette industrie qui produit plus de 100 milliards de pièces d'habillement par an pour 7 milliards de personnes, avec une qualité plus que médiocre, révèle une énième aberration environnementale et comportementale, qui traduit parfois un mal-être dans la quête frénétique de l'avoir pour paraître.

Une autre déviance de l'ultraconcurrence est qu'avec le temps une rivalité exacerbée devient stérile et n'apporte plus rien de tangible ni d'utile aux clients, hormis le superflu du plaisir futile d'être à la page. Qui, à part un spécialiste, est capable d'expliquer concrètement les différences technologiques majeures entre deux versions successives de smartphones ? Il n'y a qu'à parcourir les *benchmarks* des journaux spécialisés pour toucher le sujet du doigt : passées les réelles nouveautés (le téléphone qui fait tout, oui, ça c'était nouveau !) et les améliorations (miniaturisation et optimisation des fonctions), on est à présent sur des différences si fines qu'il est compliqué de savoir au fond pour quelle raison on choisit tel ou tel modèle. Le but n'est pas de brider l'innovation, bien au contraire, mais de lui redonner du sens. Ce n'est qu'à cette condition qu'innovation et progrès pourront à nouveau se côtoyer.

Pour résumer, il est important de préciser que l'entreprise contributive se caractérise par sa capacité à apporter toujours plus de valeur perceptible par ses clients et ses parties prenantes : celle de viser toujours moins d'impacts sur l'humain et les écosystèmes pour tendre vers le zéro externalité négative, donc *a minima* à contribuer à la neutralité carbone collective ! On peut prétendre que l'entreprise traditionnelle, elle aussi, cherche à faire mieux avec moins. La plupart du temps, moins veut dire moins cher – et c'est évidemment une recherche *a priori* louable puisque des économies peuvent alors faire tendre à utiliser moins de matière et moins d'énergie. Mais la différence est que l'entreprise traditionnelle ne cherche pas à éradiquer ses externalités négatives et les impacts résultants. Si elle le fait, c'est une conséquence de sa recherche d'économies. Et ce n'est plus suffisant.

Si les innovations des entreprises contributives se traduisent d'abord par des transitions économiques, sociales, managériales et morales, elles peuvent aussi bien sûr être technologiques. Pour les entreprises « traditionnelles », les injonctions contradictoires ne facilitent pas l'innovation indispensable pour envisager, évaluer, construire des stratégies d'évolution de nouvelles solutions commerciales : alors que nous sommes entrés dans l'ère du « zéro risque » qui pousse à mettre en œuvre des procédures de plus en plus draconiennes pour éviter les « mauvaises surprises » aux scrutateurs des marchés, la *killing innovation,* forcément un peu risquée, qui leur permettra peut-être la percée salvatrice, semble être toujours recherchée, « quoi qu'il en coûte ». L'innovation peut poser la question du risque. Elle est souvent synonyme de transgression. Mais, lorsque cette dernière survient, l'entreprise contributive pose un regard critique sur les promesses qu'elle affiche, et saura mesurer impacts et effets rebonds. Elle veillera également dans son processus d'innovation à éviter les catachrèses, la sur-qualité, les fonctionnalités surdimensionnées et souvent inutiles. S'agit-il d'une posture de prudence, de renoncement ou de sagesse ? Non, seulement de lucidité face aux enjeux. La « sur-innovation » ne traduira en effet aucun progrès dans l'ère de la sobriété qui s'annonce.

## Le potentiel inexploité des méthodes d'amélioration continue

On refuse généralement de mesurer ce qui nous fait peur ou nous dérange. Que cela implique de se peser après les fêtes ou d'analyser d'une manière objective les conséquences économiques, sociales et environnementales de la non-qualité et de la sur-qualité produites par les entreprises partout dans le monde. Même en l'absence d'études précises pour chaque secteur d'activité, les spécialistes de la qualité estiment que les coûts résultant de la non-qualité et de la sur-qualité se situent entre 5 % et 25 % du chiffre d'affaires. À noter que ce constat s'applique aussi aux administrations, il suffit de remplacer le chiffre d'affaires par le budget public. Cela représente un gigantesque gaspillage de ressources, de temps perdu, de produits fabriqués et de tâches inutilement exécutées, dont on ne peut qu'imaginer les conséquences sociales et environnementales à l'échelle mondiale.

Certes, commettre des erreurs est inévitable. Se tromper raisonnablement est même utile pour progresser dans les entreprises. Le fameux droit à l'erreur doit même protéger les collaborateurs qui se trompent en essayant de faire mieux. Mais reproduire sans cesse les mêmes effets indésirables, du fait de l'absence ou de l'inefficacité des actions correctives, est de plus en plus inacceptable, à l'heure où chaque ressource doit être utilisée avec parcimonie.

Et s'il est inenvisageable, pour l'instant, même dans nos rêves d'entreprise contributive les plus fous, de descendre à 0 % de gaspillage, comme la nature sait le faire, les marges de progrès sont tout à fait considérables, à condition d'accepter de mettre en œuvre une démarche d'amélioration continue sincère qui s'attaquera aux causes primaires des dysfonctionnements. Et à condition de ne plus se comparer aux acteurs ou pays moins-disants (comprendre : moins chers), mais viser au contraire les plus vertueux.

Lutter contre la non-qualité est à la portée de toutes les entreprises. Une démarche d'amélioration continue doit être prioritairement ciblée sur la valeur réellement perçue par les clients et les autres parties prenantes. Le pire et le moins productif dans ce domaine étant de vouloir rendre plus efficace une tâche, une fonction, un processus, une opération, qui ne devrait même plus exister !

Dans l'entreprise contributive, il n'y a qu'une définition de la qualité. Ne peut être considéré comme étant « de qualité », un produit, un service, une solution, une prestation, que si, et seulement si, la satisfaction globale générée par son utilisation ou sa possession dépasse le sacrifice total de son acquisition. Cela n'a donc rien à voir avec la valeur vénale des produits ou services, et c'est toute la différence avec la notion actuelle de qualité. Celle que nous connaissons se rapproche avant tout d'une appréciation subjective relative au pouvoir d'achat, et à l'écart également subjectif existant avec un produit jugé de moindre qualité. Une affaire de marketing aujourd'hui, une affaire de données scientifiques et sociales prises de manière holistique demain ? Généralement les entreprises n'ont jamais assez de temps pour faire correctement les choses, mais étrangement, elles en trouvent toujours, contraintes et forcées, pour recommencer.

Définissons à présent la « non-qualité ». Quatre catégories de non-qualité accroissent la consommation inutile de matières premières et d'énergie, grèvent la performance des organisations et fragilisent leur pérennité.

1. L'ensemble des dysfonctionnements, des gaspillages de ressources, des non-conformités, des erreurs, des incidents, des accidents, des réclamations... qui entraînent la perte de confiance et donc de parts de marché.
2. La conception même de produits configurés pour l'hyperconsommation. Les produits conçus pour une durée de vie courte sont les meilleurs amis de l'économie du volume. Le passage de l'économie linéaire à l'économie de la fonctionnalité va considérablement réduire cette forme de non-qualité très pernicieuse, en obligeant les manufacturiers à repenser leur stratégie pour continuer à convaincre leurs clients. *Exit* l'obsolescence programmée, terminée la bonne conscience de l'économie circulaire basée sur le recyclage des matières premières vers des destinations inconnues, finie la frénétique course au marketing. La responsabilité étendue du

producteur impliquera que ce dernier récupère *in fine* la totalité de ses produits. Il deviendra de plus en plus cher de recycler et de décevoir ses clients !

3. La « sur-qualité », c'est-à-dire l'ensemble des caractéristiques des services et des objets matériels conçus et réalisés par l'entreprise, mais dont le client n'a pas de perception... Disons-le tout de suite : le client ne se plaindra pas si cette sur-qualité venait à disparaître. On ne pense jamais à la sur-qualité lorsque l'on se réfère aux problèmes induits pas les défauts de qualité. Et pourtant. Chaque organisation comporte en elle une part plus ou moins importante d'« usine fantôme » qui ne produit rien d'autre que de l'inutile. La sur-qualité est directement issue de la course à l'innovation gadget. Redonner du sens au progrès, ce n'est pas seulement simplifier la vie de ses clients ou satisfaire un besoin latent, c'est aussi et surtout innover en intégrant la préservation des communs. Ainsi, combattre la sur-qualité, c'est combattre le superficiel s'il est l'invisible destructeur, l'inutile néfaste ; bref, ce qui coûte cher pour toutes les parties prenantes.
4. La plus importante en termes de coûts, en particulier résultant des coûts salariaux, est relative à la bureaucratie et à la non-implication des collaborateurs. Cette perte de sens est directement associée à l'absence de *leadership* au service d'une raison d'être, empreinte à la fois de considération pour les clients et pour les communs. L'entreprise contributive conduit le management à impliquer les collaborateurs dans la recherche du « mieux pour la planète et pour les clients », et non du « toujours plus pour les actionnaires », c'est une

nuance fondamentale. Chacun connaît au moins une personne qui a été concernée un jour par les *bullshit jobs,* révélés sous la plume de l'anthropologue américain David Graeber[137]. Pour réduire cette non-qualité, il convient donc de faire évoluer le management, comme nous l'avons déjà évoqué, afin d'éliminer les missions vides de sens qui ont envahi nombre d'organisations.

Il est impossible de chiffrer le gaspillage d'argent, de talents, de temps associés au *burn, brown* et *bore out,* mais on peut facilement imaginer leur ampleur en observant les statistiques affligeantes du mal-être au travail dans une majorité de pays. Avec un impact économique évident. Le taux d'absentéisme français au travail aurait atteint 5,11 % en 2019, avec 18,7 jours d'absence par an et par salarié en moyenne[138]. Ce qui se révèle inquiétant dans cette étude, c'est que ces chiffres sont en augmentation chez les moins de 40 ans.

Tout métier ou activité qui n'ont pas une réelle utilité sociale ou environnementale doivent être remis en question. Cela semble radical, et certainement pas politiquement correct de dire que la création ou le maintien de certains emplois ne sont pas forcément vertueux en soi... Mais ouvrons les yeux : les personnes qui les exercent évoluent souvent dans ce que l'on désigne comme les fonctions dites supports. Ces personnes savent bien que leur valeur ajoutée est souvent dérisoire dans le processus de création de valeur. Ce n'est pas tant ce que coûtent leurs salaires qui pénalise la société dans son ensemble, mais

137. David Graeber, *Bullshit jobs,* Les Liens qui libèrent, 2018.
138. Ayming, « 12^e^ Baromètre de l'Absentéisme et de l'Engagement », étude de 2020.

ce que ces personnes font pour « s'occuper » au quotidien et qui, sous le fallacieux prétexte du zéro risque, freine, bureaucratise et complique le travail des équipes en charge de l'opérationnel. Ces personnes ne seraient-elles pas plus heureuses avec un emploi utile au plus grand nombre et porteur de sens, laissant leur talent s'exprimer ? Leur fonction peut évoluer : si l'entreprise peut muer en entreprise contributive, alors son corps aussi se transforme. Des métiers disparaissent, d'autres apparaissent. Alors seulement les fonctions supports pourront mériter réellement cette appellation. Bien sûr, cette transformation doit être accompagnée. On pense à la formation, initiale et tout au long de la vie, qui pourra faire tendre vers une plus grande utilité au bien commun.

De fait, la compréhension globale du changement climatique et de l'action que tout un chacun peut porter en entreprise ne peut que nous inviter à réinventer nos métiers. Le comptable : considérer les ressources à travers une comptabilité qui prend en compte, au passif du bilan, leur déplétion. Le communiquant : en interne, infuser les sujets pour transformer toute l'entreprise ; vers l'externe, conduire les clients à faire des choix éclairés. Les marketeurs : positionner une offre plus durable et donner envie de changer les habitudes. Le commercial : savoir vendre le qualitatif et l'usage. Le juriste : protéger le vivant donc l'entreprise sur le long terme. L'acheteur : renforcer la résilience de l'entreprise en choisissant les fournisseurs les plus responsables. Les managers : devenir des leaders éclairés pour entraîner les équipes vers un horizon empreint de sens...

Il faudra également tôt ou tard rouvrir le sujet de la durée du travail, et surtout de son intensité ou sa pénibilité pour certaines professions. Le « travailler toujours plus pour gagner plus » est-il vraiment souhaitable pour tous partout dans le monde, à l'heure où la planète est en train de se transformer en étuve ? Avec quelle conséquence sur soi-même et sur les autres ? Certes, on peut justifier par l'allongement de la vie celui de la durée du travail – il faut bien payer les soins et les retraites des aînés qui, mathématiquement, deviendront de plus en plus nombreux. Mais, s'il s'agit de diminuer les coûts associés aux dépenses de santé, on peut convenir qu'une meilleure prévention pourrait contribuer à atteindre, au moins en partie, ces objectifs. Peut-être pourrait-on envisager, à un certain âge, travailler moins et donc gagner moins ? En prenant mieux en compte la pénibilité et les variations des périodes de charges, par exemple ? Par ailleurs, un revenu universel conditionné à une contrepartie sociétale n'est peut-être pas une idée si décalée. Il éviterait un sentiment d'assistance pas toujours facile à vivre pour ceux qui en bénéficient, et réconcilierait les autres avec le concept de solidarité.

Revenons au cadre de l'entreprise. Si le management détient la clé du déclenchement de l'action, l'essentiel des solutions, une fois encore, provient de ceux qui font, c'est-à-dire les collaborateurs qui sont quotidiennement au contact direct de la réalité des tâches qui produisent la valeur ajoutée. L'amélioration continue en tout domaine, dans une entreprise contributive, est toujours subordonnée à l'optimisation des processus que constituent les chaînes transversales qui concourent à la création de valeur appréhendable par les clients internes et externes. En choisissant de prendre en compte simultanément les données scientifiques pour protéger le vivant, la préservation du capital naturel et humain dans les comptes, tout en donnant au client le rôle d'expert de la valeur qu'elle produit, l'entreprise contributive se singularise non pas sur les seules performances de ses collaborateurs, mais sur son aptitude à organiser un mode collaboratif transversal pour générer de la valeur sans impact négatif.

En théorie comme dans les faits, les entreprises les plus efficientes – celles qui se rapprochent de l'entreprise contributive dans la réduction des gaspillages – partagent certaines caractéristiques. Tout d'abord, elles privilégient une organisation dans laquelle le mode collaboratif et le pouvoir des compétences priment sur l'organisation pyramidale. Ensuite, elles misent sur la formation tout au long de la vie en privilégiant de nouvelles formes d'apprentissage, basées sur le jeu ou sur le rapprochement entre les centres d'intérêts des collaborateurs et la raison d'être de l'entreprise. L'entreprise Gore a ainsi décliné la notion de *sweet spot*[139], qui se trouve à l'intersection entre ce qu'un collaborateur aime ou voudrait faire, ses compétences et les besoins de l'entreprise. Avec cette approche, les collaborateurs considèrent la montée en compétences comme un but qui profite autant à leur entreprise qu'à leur passion.

## La résolution des problèmes : mode d'emploi indispensable

Parce que même le bon sens et l'intuition trouvent vite leurs limites dès lors que les problèmes se complexifient, l'utilisation d'un ensemble de méthodes formelles, ou outils

---

139. https://www.gore.com/careers/growth-and-development

dits de résolution de problème, n'est pas une option si l'on veut s'améliorer. Ces méthodes sont bien connues dans l'industrie depuis des décennies. Le *lean manufacturing*, le *lean 6 sigma*, le *Kaisen*... sont sans doute les méthodes parmi les plus efficaces.

Les effets indésirables qui apparaissent à tout moment durant un processus complet de production peuvent résulter de cinq familles distinctes de causes, les « 5 M » : le management, la main-d'œuvre, les machines, les matières premières et les méthodes de production. Pour chaque effet indésirable, un nombre variable de causes issues de différentes familles peut être répertorié. La conjugaison de ces causes, qui sont autant de dysfonctionnements réels ou potentiels, conduit à la survenue de l'effet ou de l'événement indésirable. L'objectif des outils de résolution de problème est d'aider les collaborateurs à identifier, puis à corriger eux-mêmes, au fil de l'eau et en temps réel, les dysfonctionnements inhérents à toute activité productive. Ne sont-ils pas les mieux placés pour le faire ? La pertinence de ces outils tient dans leur capacité à ne pas s'arrêter aux symptômes, mais bien à isoler les causes primaires ou racines associées à l'apparition des problèmes. Si cette approche rigoureuse, du point de vue méthodologique, était plus systématiquement utilisée en tous domaines, nombre d'actions inutiles dans les entreprises, ou de réformes mises en œuvre par les pouvoirs publics, pourraient être évitées.

Mais ces outils de résolution de problème ne seront véritablement efficaces que si une approche système est mise en œuvre simultanément. Qu'est-ce qu'une approche système ? C'est le même principe que l'approche processus, rapporté de façon systémique à l'ensemble du fonctionnement de l'entreprise. Il s'agit d'identifier l'ensemble des processus et leurs interdépendances, nécessaires et suffisants pour répondre de façon efficace et efficiente aux exigences des parties prenantes. C'est une approche transversale globale, depuis les besoins et les attentes des parties prenantes jusqu'à la réponse à ces exigences. En outre, l'approche système permet de formaliser et structurer l'ensemble des processus de l'organisme et leurs interrelations, de comprendre les interdépendances entre les différents processus, d'assurer la cohérence, l'efficacité et la maîtrise de l'organisation mise en place, d'identifier les processus clés et les risques, de clarifier les rôles et les responsabilités des pilotes de processus et du système global.

Toute organisation humaine fonctionne grâce à des processus plus ou moins formalisés et documentés. Il existe trois catégories de processus : 1/les processus de management, qui consistent à aligner les collaborateurs de l'entreprise à partir des éléments de la vision, des valeurs, de la stratégie et, bien entendu, de la raison d'être ; 2/les processus supports, qui correspondent à l'intendance et la logistique internes, y compris les besoins en compétences requises pour produire la valeur ; 3/les processus de réalisation qui permettent d'aboutir à la solution commerciale, qui sera *in fine* perçue par le client.

C'est bien l'optimisation permanente de ces trois catégories de processus qui permettra de produire en utilisant un minimum de ressources. Cependant, nous savons que cette approche traditionnelle ne suffit plus. L'approche système des entreprises contributives complète cette recherche d'efficience dans l'usage des ressources, par une fonction de régénération, de compensation et de réparation de ces mêmes ressources, et des externalités négatives associées.

Passer d'une économie basée sur la croissance infinie dans l'utilisation des ressources, à une économie basée sur une prospérité sans croissance des flux physiques carbonés, exige d'améliorer à l'extrême l'efficience de nos processus de conception, de fabrication et d'exploitation. Il convient de considérer l'amélioration continue comme une philosophie permanente pour optimiser sans fin un processus. Et si la démarche d'amélioration continue des processus n'apporte plus les effets escomptés, il ne sert à rien de s'en prendre aux méthodes, mais plutôt à la façon dont elles ont été utilisées dans l'entreprise. Finalement, la juste qualité correspond à la capacité de n'utiliser que ce qui est nécessaire comme ressources pour satisfaire aux exigences spécifiées des clients, dans le respect total des aspects environnementaux, à l'instar de la nature où rien n'est produit inutilement.

Rêvons un peu. Si les entreprises consentaient à déployer plus efficacement ces méthodes, tout en les combinant à des approches d'écoconception de type *Cradle to Cradle*, les économies de ressources seraient gigantesques. Une division par deux de la non-qualité dans les entreprises, qui représente un objectif facilement atteignable, permettrait de réduire les émissions mondiales de $CO_2$ de plus de 20 % – abstraction faite de l'effet rebond qui annulerait probablement une partie de ces gains. L'adoption des outils de résolution de problème par le plus grand nombre d'individus sur la planète est avant tout un sujet de formation. Dès l'école élémentaire et jusqu'aux études supérieures, leur enseignement permettrait aux enfants d'apprendre à travailler en équipe pour résoudre des problèmes. Pour combattre les périls à venir, dans nos entreprises, nous avons définitivement moins besoin de génies solitaires, que d'un meilleur état d'esprit solidaire.

Tout au long de sa vie, apprendre à analyser les causes primaires d'un dysfonctionnement, avant de foncer tête baissée vers des solutions simplistes qui n'en corrigent que les symptômes, serait salutaire à l'humanité. Une fois les causes d'apparition d'un effet indésirable éradiquées, il convient d'établir des règles simples pour éviter leur réapparition dans des conditions similaires. Mais attention à ne pas confondre rigueur et rigidité : toutes les règles sont à considérer comme des outils libérateurs qui relèguent les problèmes déjà résolus au stade de routine, et permettent aux facultés créatrices d'être disponibles pour les problèmes encore irrésolus.

## La communication pour accompagner la résolution du nœud gordien

Métaphoriquement, on appelle nœud gordien un problème qui ne présente pas de solution apparente, mais qui peut finalement être résolu par une action radicale. Les bouleversements climatiques et la perte de la biodiversité peuvent, de toute évidence, être considérés comme des problèmes sans solution – en tout cas, sans solution « toute faite ». La communication pourrait-elle jouer ce rôle d'accompagner des décisions radicales qui devront être prises, à tous les niveaux, pour participer à la résolution des défis multiples ? Nous le pensons.

Le caractère pervasif et persuasif de la communication en fait toute sa puissance et sa force. Tout n'est-il pas communication autour de nous ? Dans nos sociétés dites modernes, si la communication était une couleur, notre vision serait monochrome. Si elle était matière, on nagerait littéralement dedans. La communication, au sens large, nourrit chacun de nos gestes, de nos pensées, de nos paroles et de nos actions, qui eux-mêmes engendrent la communication. En tant qu'individu, quel que soit notre âge, notre statut, notre occupation, nous y sommes sensibles. Bien sûr, la façon dont on nous présente la vie en entreprise, les produits et services que nous consommons, la façon dont nous devons nous comporter en société, découlent de processus de communication plus ou moins intégrés, jusqu'à être normalisés. La communication est sans doute, juste après l'abondance et le prix des énergies carbonées, l'outil qui a permis le développement de la société de consommation. Mais, en soi, elle n'est pas responsable des résultats.

La communication est un moyen vers une fin. Nous devons continuer à utiliser la communication : elle peut évidemment devenir l'outil de déploiement de nouvelles perspectives, rendues désirables par un nouveau récit. Si la peur, la défiance, l'envie, la concurrence et l'orgueil ont été titillés par le récit passé, le partage, le soin et le respect du bien commun et de soi-même, la curiosité et l'enchantement peuvent aussi bien l'être par un autre récit. Évidemment, ces valeurs ne vont pas nourrir les mêmes personnes ni les mêmes organisations. Mais peut-être vont-elles agréablement accompagner la sobriété que nous allons tous devoir adopter.

La manière dont on communique, tout comme le contenu de cette communication, peuvent radicalement changer la façon dont on voit le monde. Une propagande positive ? Et pourquoi pas. La communication porte les modes, les mouvements, les cultures, les valeurs. Une entreprise qui communique bien, c'est-à-dire efficacement, aura des résultats. Changeons les résultats souhaités, changeons les objectifs visés, changeons les critères de mesure du succès, et nous aurons besoin d'excellents communicants pour prendre ce tournant. En revanche, négliger de prendre le sujet de manière frontale en acceptant sa complexité et en reconnaissant les erreurs passées, devient une faute professionnelle.

Notons que les accidents de parcours en termes de communication peuvent, globalement, être riches d'enseignement. Le *greenwashing* est souvent moins l'illustration de réelles intentions de tromper, que de maladresses émanant de communicants peu au fait des sujets et désirant simplifier à outrance des données complexes pour des audiences insuffisamment informées. Mais peut être les grands scandales de *greenwashing* auront eu au moins le mérite d'aiguiser l'attention des audiences, et de faire avancer tous les secteurs économiques confondus, et même la règlementation.

Un volet de la communication est directement conçu à destination des médias : les relations presse. Or il est peu visible, et parfois peu transparent aux yeux du public. En partie parce que les marques, en amont, et les journalistes, en aval des relations presse, n'y font que rarement explicitement référence. Ainsi, comment l'audience y prêterait-elle attention ? En réalité, il s'agit tout simplement, pour les organisations, institutions, personnalités ou entreprises, de proposer des informations aux journalistes pour faire valoir leur offre ou leur opinion. Tous les journalistes ne sont pas des journalistes d'investigation, mais tous se nourrissent d'informations – qu'ils vont chercher ou qu'on leur propose – pour mettre en perspective les sujets qu'ils traitent, selon l'angle qu'ils choisissent, et surtout leur déontologie. Revenons à notre sujet : les médias eux-mêmes changent et les journalistes se forment au climat et à la biodiversité – sujets qui de plus en plus sortent des pages dédiées à l'environnement pour atteindre les pages business, tous secteurs économiques confondus, ainsi que les pages société. L'impact d'un message via le prisme des médias étant démultiplié, notamment parce que perçu par le lecteur comme plus crédible que la publicité, le journaliste a, de toute évidence, un effet d'entraînement possible – et même certain – vers ce fameux nouveau récit. Le veut-on catastrophiste au risque d'entraîner l'indifférence ? Positif au risque de se bercer d'illusion ? Dans les deux cas, au risque de ne pas provoquer le sursaut nécessaire à l'action ?

Professionnels de la publicité, des relations presse, influenceurs et marketeurs de tous horizons : formez-vous à ces nouveaux enjeux. Les communicants peuvent-ils déclencher des prises de décision radicales, des évolutions comportementales, des changements de braquet, bref, contribuer à créer la ola du stade ? Certainement. Par leur sincérité, leur travail et leur courage, et en faisant l'effort préalable de comprendre les enjeux et leur rôle, ils peuvent accompagner la transformation vers l'entreprise contributive. Les métiers de la communication pourraient, en plus de retrouver leurs lettres de noblesse, radicalement changer la donne.

# 5
# La valorisation de l'immatériel

*« Réussir sa vie est immatériel, intemporel, universel et inconditionnel. Le reste n'est qu'illusion de réussite. »*
Patrick Louis Richard

Donner de la valeur à l'émotion revient à reconnaître la supériorité du beau sur l'efficace. Pourquoi accordons-nous encore tant d'importance à des choses qui n'en ont plus aucune, dans un monde aux portes de l'effondrement – ou d'effondrements successifs de systèmes interdépendants ? Si la véritable valeur est le bonheur et la vie, alors apprenons à faire fructifier les déterminants qui valorisent l'immatériel.

## Maman, c'est quoi la création de valeur ?

La notion de valeur est à redéfinir d'urgence. Globalement, peut-être ; pour l'entreprise, et c'est notre propos dans ce livre, très certainement. Définitivement, la valeur n'est pas seulement la capacité de l'entreprise à générer du cash. Ce n'est pas non plus au client payeur de l'apprécier de manière exclusive, même si son avis participe à l'« autorisation d'exister de l'entreprise » dans la durée. Et ce n'est pas au financeur, actionnaire ou fonds, de décider de la valeur de l'entreprise non plus. Alors, quelle est sa valeur ? Comment la mesurer ? L'entreprise peut-elle être un commun mieux partagé par les parties prenantes éligibles ? Autrement dit, pourrait-on enfin reconnaître que les impacts globaux de l'entreprise font sa valeur, positive ou négative, et ce, pour tous ses acteurs internes et externes ?

Ce n'est qu'un exemple parmi 100, mais entre cette activité humaine qui crée des barres chocolatées voraces en huile de palme à « haute valeur ajoutée d'obésité précoce », et les orangs-outans qui figurent au nombre de ses victimes collatérales, quelle est la valeur la plus importante à préserver ? Est-ce naïf ou lucide de s'interroger à ce sujet ? Avec bon sens, nous essayons simplement de nous poser des questions citoyennes, en phase avec ce que nous constatons et ressentons.

Et ce que nous constatons et ressentons, c'est que la définition de la création de valeur utilisée à ce jour par les entreprises est restrictive, car elle ne concerne essentiellement que leurs parties prenantes contractuelles et leurs actionnaires. *Quid* de tous les autres paramètres associés à la préservation du capital naturel, aux instances et aux organismes directement concernés par l'activité de l'entreprise ? Appelons cette création de valeur : la création de valeur étendue.

Cette appellation de la valeur propre aux entreprises contributives serait celle de l'émergence d'un nouveau modèle de développement bio-inspiré et décarboné, conçu pour combler les clients, tout en améliorant le mieux-vivre ensemble des parties prenantes au service du bien commun. Quel est le but de la vie, sinon de vivre heureux en communauté et d'espérer offrir à nos enfants la même chance, voire une meilleure chance, que celle dont nous avons bénéficié ? Et, bien sûr, vivre heureux en harmonie avec la nature, sans laquelle nous ne pouvons pas exister.

## Pas de liberté sans responsabilité

Les entrepreneurs qui partent de rien et bâtissent des entreprises rentables et pérennes ont assurément une certaine forme de talent. Mais lorsque cette réussite s'appuie plus ou moins sur la génération d'externalités négatives, comme par exemple :

– des inégalités sociales lorsque la force productive est déportée dans des pays peu scrupuleux en matière de droits humains ;

– la destruction du vivant et de l'environnement ;

– des dommages causés à la santé des clients (amiante, perturbateurs endocriniens, pesticides, néonicotinoïdes...) ;

– l'exploitation de collaborateurs essorés ;

– des violations des règles éthiques (corruption, ententes) ;

alors l'étoile de ces « managers hors pairs » pâlit quelque peu. La liberté d'entreprendre doit fusionner avec la responsabilité sociétale des entreprises (ou RSE), et pas simplement cohabiter avec elle.

Par ailleurs, avec l'avènement des énergies fossiles ridiculement peu chères et faciles à produire, qui a permis l'émergence de la première révolution industrielle, la quasi-totalité des entrepreneurs de par le monde ont bénéficié d'un coup de pouce providentiel : la croissance, qui finalement résultait avant tout justement de notre capacité à utiliser toujours plus d'énergie pour alimenter les machines. Osons le dire, tout comme pour les femmes et les hommes politiques, il y a rarement de mauvais managers, selon les critères d'appréciation classiques, lorsque la croissance est soutenue et les matières premières quasi gratuites ! Les erreurs sont vite oubliées, pas d'arbitrage à opérer, c'est fromage et dessert, la redistribution (partielle) des fruits de la croissance en échange de la paix sociale. Et logiquement, lorsque la demande est significativement plus importante que l'offre du fait de la taille gigantesque du « gâteau » mondial, tout business devient plus facile.

*Manon Roland, figure de la Révolution française

## Croissance de la valeur = croissance de la pollution

Pendant longtemps, les plus grandes capitalisations boursières et les entreprises les plus profitables étaient celles issues du secteur des énergies fossiles conventionnelles, qui sont en même temps les plus polluantes. Quel paradoxe de générer autant de valeur financière et de gagner un « pognon de dingue », en contribuant à la pollution la plus sévère depuis l'avènement des activités humaines sur la planète. Nous l'avons vu, la croissance dépend de l'énergie disponible, et cette dernière est encore à 81 % d'origine fossile au niveau mondial[140]. La seule production d'électricité par le charbon prévue en 2030 excède de 150 % le niveau compatible avec l'objectif de contenir le réchauffement à 2 °C[141]. Les derniers pics de production pétroliers et gaziers des réserves conventionnelles ont été passés quasiment partout sur la planète en 2006. L'exploitation des réserves non conventionnelles offre un sursis au modèle de la civilisation thermo-industrielle, mais elle amplifie les désordres environnementaux (pollution de l'eau, des sols...) au-delà du changement climatique en cours. On peut hélas le constater avec l'exploitation des sables bitumineux du Canada ou des gaz de schiste et pétroles de roche mère aux États-Unis. Les dernières projections montrent que les réserves non conventionnelles semblent elles aussi arriver à un plateau ; la décennie 2020 marquera le commencement

---

140. IEA, Agence internationale de l'énergie, « World Energy Balances: Overview », Rapport de statistiques, 2021.
141. GIEC, Rapport pour les décideurs, 2019. Ou en plus court : GIEC, Communiqué de presse, 25 septembre 2019.

du tobogan infernal de la déplétion des ressources pétrolières liquides, et donc de la décroissance subie.

À noter que le seul avantage environnemental des gaz et pétrole de schiste aux États-Unis est leur contribution au recul du recours au charbon dans ce pays qui est, après la Chine, le plus gros pollueur de la planète. Mais c'est sans compter les fuites de méthane, mal maîtrisées par les techniques d'extraction de la fracturation hydraulique, combinées aux émissions de $CO_2$ des hydrocarbures récupérées, qui sont peut-être finalement supérieures en termes d'effet de serre à celui du seul charbon – le méthane ayant un pouvoir réchauffant 28 fois supérieur au $CO_2$.

Quoi qu'il en soit, les réserves mondiales estimées d'énergies fossiles (pétrole, gaz, charbon) représentent près de deux fois ce que nous avons déjà brûlé, sans même intégrer le supposé « potentiel » des hydrates de méthane, si nous étions tentés de les récupérer massivement. Ce n'est donc pas la rareté de ces énergies qui pourrait ralentir à court terme leur utilisation, mais plutôt la crise climatique qui commence à générer des désordres sociaux et des dommages irréversibles en constante augmentation, ainsi que, dans une moindre mesure pour le moment, des mouvements contestataires citoyens dans nombre de pays. Bien entendu, ces réserves fossiles doivent rester là où elles sont, c'est-à-dire sous terre, à commencer par le charbon qui est encore utilisé pour produire 39 % de l'électricité mondiale[142]. Mais cette perspective de bon sens est hélas difficile à envisager sans une reconfiguration très hypothétique de la gouvernance mondiale, ou

142. IEA, Agence internationale de l'énergie, « World Energy Outlook 2020 », octobre 2020.

grâce à la mobilisation citoyenne en cours, remarquablement orchestrée par certains militants pacifistes, comme les jeunes à la suite de Greta Thunberg, qui se lèvent dans tous les pays ou presque, ou encore le mouvement Extinction Rebellion. Comment les pays producteurs, qui le plus souvent ne disposent que de cette seule ressource économique en devises (les pays du Golfe, le Venezuela, l'Algérie, le Qatar, le Turkménistan...), pourraient-ils accepter d'arrêter d'exploiter leurs réserves, et les pays « clients », d'arrêter de les utiliser ? Sans compter que ces précieuses substances alimentent comme on le sait tensions géopolitiques, guerres et corruption. Tout cela pour soutenir leur machiavélique croissance, telle la « Reine rouge » qui doit courir toujours plus vite au risque d'exploser, mais qui reste sur place, alors qu'il lui faudrait ralentir à la juste cadence pour rester en vie !

## La décroissance de la consommation d'énergies fossiles peut-elle être source de création de valeur ?

Si l'humanité, dans la décennie 2020, se décide à lutter efficacement contre le changement climatique et accepte de ne pas émettre plus de $CO_2$ que la planète peut en absorber, la croissance mondiale telle que nous l'avons connue est derrière nous – et qu'on le veuille ou non, elle ne reviendra pas. Rappelons que la pandémie du Covid-19 en 2020 a contribué à faire reculer les émissions de $CO_2$ de 7 % sur un an par rapport à 2019[143]. C'est dire la nature des changements à consentir, pour transférer cette décroissance subie ponctuelle

143. Corinne Le Quéré *et al.*, « Temporary Reduction in Daily Global $CO_2$ Emissions During the COVID-19 Forced Confinement », Global Carbon Project, 2020.

en décroissance choisie pérenne, de la part des acteurs économiques et des 10 % des citoyens du monde qui sont responsables, par leurs comportements de consommation, de plus de la moitié des émissions de $CO_2$. Et nul besoin d'être millionnaire pour appartenir à cette population. Nombre d'entre nous sont concernés. En France, selon l'Observatoire des inégalités, si on applique le seuil des 10 % les plus riches, alors on mérite ce qualificatif[144]. Mais la France n'est pas le monde : un smicard français gagne en un an ce qu'un agriculteur du Ghana met 119 ans à obtenir[145]. Alors, qui est riche ? Penser que seuls les « super riches » vont devoir changer leur mode de vie est une erreur : tous les citoyens qui ont la chance d'avoir un salaire régulier cinq fois au-dessus du seuil de pauvreté mondial, situé à 1,90 dollar par jour, vont devoir revoir leur mode de vie à leur échelle. Nous avons également tout intérêt à éradiquer la misère extrême partout dans le monde, car l'angoisse de la « fin de journée ou de la semaine » n'a jamais fait émerger des comportements vertueux d'un point de vue environnemental, on peut le comprendre à défaut de le vivre. Et non, nous restreindre volontairement ici n'accentuera pas la misère là-bas, au contraire. Mais c'est une idée volontiers entretenue par ceux qui craignent le plus pour leur train de vie, dès que l'on évoque le sujet.

Il est indéniable que le pétrole – l'énergie « reine des fossiles » – comme premier levier de développement et de croissance a permis des progrès technologiques extraordinaires, inimaginables il y a juste un siècle. Mais ce progrès n'est pas

144. Observatoire des inégalités, « Quelles sont les différentes manières de définir un seuil de richesse ? », *Mesurer les inégalités*, 15 juin 2020.
145. Marina Torre, « Et si vous faisiez partie des "1%" les plus riches au monde ? », *La Tribune*, 22 avril 2013.

synonyme de création de valeur environnementale, ni même d'équité. Le sur-confort matériel des nantis de la croissance n'a pas permis de concilier l'accès à un confort basique pour tous avec la durabilité de nos écosystèmes, comme l'explique très bien le sociologue Bruno Latour. Il est temps pour l'être humain de devenir à la fois plus humble et plus sobre, mais aussi de mettre son génie technologique, scientifique et sa capacité d'investissement au service d'entreprises contributives inclusives, respectueuses des biens communs et de l'ensemble des sociétés humaines. Après tout, les arbres, les animaux, les humains, les bactéries... finissent par cesser de croître au cours de leur existence. Cela les empêche-t-il de vivre après leur période d'expansion ? L'économiste britannique, Tim Jackson[146], et plus récemment son homologue français, Timothée Parrique[147], proposent un modèle de prospérité sans croissance : et si cette utopie devenait une réalité ?

## Aux origines de la croissance

Stopper le dérèglement climatique et l'érosion de la biodiversité en inventant une nouvelle économie du bien-être pour tous, en harmonie avec les communs, représente le défi ultime pour l'Homo sapiens sapiens, s'il espère poursuivre sa destinée dans un monde en paix. Les deux sujets sont intimement liés, on le sait, mais rappelons que le dérèglement du climat sublime tous les enjeux puisqu'il est à la racine de tous

---

146. Tim Jackson, *Prospérité sans croissance : La transition vers une économie durable*, De Boeck, 2010.
147. Timothée Parrique, *The Political Economy of Degrowth. Economics and Finance*, Université Clermont Auvergne, Stockholm University, 2019. timotheeparrique.com

les autres objectifs de développement durable (les ODD des Nations unies). Par conséquent, il est aussi à l'origine de tous les autres maux de la planète et de l'humanité. Le début de la « grande accélération » caractérisée par la croissance exponentielle de l'économie et de la consommation des ressources correspond à la période où nous avons su domestiquer les énergies fossiles à grande échelle, et donc où nous avons commencé à dérégler le climat. À partir de là, les mécanismes de l'économie de marché et du libre-échange ont pu s'imposer partout dans le monde. Le culte de la croissance infinie était né. Son indicateur phare, le PIB, censé révéler la capacité à créer de la richesse et du capital, est regardé, scruté, comparé. Il fait surtout l'objet de toutes les attentions, notamment de la part des communautés financière et politique.

Mais de quelle richesse parle-t-on ? Le PIB n'est-il pas l'art de compter ce que l'on gagne sans jamais compter ce que l'on doit ? À la nature, précisément ? Ce que nous appelons communément le business n'est-il rien d'autre que de l'énergie peu onéreuse, utilisée pour extraire des matières premières gratuites, puis pour les transformer en produits et services via des convertisseurs, des machines donc des moteurs, de la chimie et du savoir-faire d'intelligence humaine ? Serons-nous suffisamment intelligents pour nous adapter au changement que nous avons nous-mêmes généré ?

Pour lutter contre notre addiction aux énergies fossiles, il est plus qu'urgent de remettre en question le paradigme économique dominant, dépendant de notre capacité à utiliser massivement ce type d'énergies. Certains économistes et politiques semblent proposer de rester lové dans notre doux rêve de croissance verte en faisant la promotion des énergies renouvelables « à tous les étages », comme jadis le gaz providentiel, pour continuer à faire tourner le manège. Au mieux, ils se trompent, au pire, ils nous trompent, car là aussi les chiffres et la physique sont têtus. Même si la France est en retard sur ses engagements, chez nous comme ailleurs, la puissance installée en systèmes de production d'énergies renouvelables (solaire, éolien, hydraulique, biomasse...) bat chaque année des records. Tout le monde s'en réjouit à l'exception des protecteurs des oiseaux et certains contemplateurs de paysages que les champs d'éoliennes dérangent. Cependant, cette puissance installée est bien différente de la puissance réellement restituée, compte tenu de l'intermittence de ces énergies (la plupart des éoliennes fonctionnent en moyenne 20 % à 35 % du temps, dont moins de 10 % du temps à leur puissance nominale). Surtout, loin de se substituer aux énergies fossiles, les énergies renouvelables s'y additionnent. Ainsi, ces 50 dernières années, le pourcentage de production des énergies fossiles est resté quasiment le même malgré la multiplication des champs d'éoliennes, des fermes solaires photovoltaïques et des méthaniseurs de biomasse. Chaque année, la production d'énergie sur tous les continents augmente dans une proportion équivalant à la capacité de production d'électricité française, soit d'environ 600 TWh ; la moitié provenant des énergies renouvelables, l'autre des énergies fossiles. Cette hausse explique que les émissions de $CO_2$ continuent d'augmenter de 1 % à 3 % tous les ans. Pourtant, c'est bien de 5 % à 7 % qu'elles devraient baisser pour viser le 1,5 °C, inenvisageable désormais. Les énergies renouvelables telles que déployées aujourd'hui serviraient-elles, consciemment et inconsciemment, notre gabegie énergétique ?

Il est permis de douter dans les décennies à venir de la possibilité d'un découplage significatif entre notre capacité à générer une croissance soutenue – selon le paradigme économique en vigueur – et notre consommation globale d'énergies. Comme rappelé par The Shift Project, en introduction de l'une de ses études sur le lien entre PIB et énergie, « *en considérant que nous transformons des ressources en produits et en services, et que chaque transformation requiert l'utilisation d'énergie, il semble logique que la production économique soit liée à la quantité d'énergie ajoutée dans le système*[148] ». De nombreux travaux du *think tank* ont largement démontré que l'équation du PIB dépend en premier lieu de l'énergie disponible, et non directement de son prix – qui évolue en fonction d'autres facteurs dont les taxes ou la spéculation des marchés, rendant la composition et l'élasticité de son prix bien plus complexe que la seule

148. The Shift Project, « Étude du lien entre PIB et consommation d'énergie ».

loi de l'offre et la demande. Concrètement, la conséquence de la croissance de 7 % par an en moyenne du PIB d'un pays comme la Chine ces dix dernières années multiplierait son activité économique par deux en dix ans et par quatre en 20 ans… « *Business as usual* », dans 50 ans, l'économie chinoise pourrait représenter l'équivalent de quatre économies mondiales supplémentaires. Encore plus fort, avec 2 % de croissance moyenne sur 1 000 ans, l'économie mondiale serait 400 millions de fois plus importante ! Un vrai rêve de *business man*. Mille ans, ce n'est rien à l'échelle de la création de la Terre, ni même de l'humanité. Pourtant, on voit bien que ce chiffre n'est absolument pas compatible avec les ressources que peut nous offrir la planète bleue.

Alors, qui peut encore croire en la miraculeuse « multiplication du PIB » ? L'Agence européenne pour l'environnement (AEE), organe de l'Union européenne dont la mission consiste à fournir des informations fiables et indépendantes sur l'environnement, a publié un rapport spécifiant pour la première fois l'impossibilité d'une croissance sans limite, en détaillant les leurres en vigueur, et propose des alternatives (théorie du donut, post-croissance et décroissance). Puis il invite à regarder bien au-delà du solutionnisme technologique, vers des changements sociétaux et de modes de consommation[149]. La croissance infinie a pris du plomb dans l'aile. Croire, faire croire, et même laisser croire une ineptie pareille est désormais plus criminel que ridicule. Mais c'est pourtant le caractère implacable des exponentielles appliquées à la croissance annuelle telle qu'elle est actuellement mesurée, exigée

149. European Environment Agency (EEA), « Growth without economic growth », janvier 2020.

et prônée par quasiment tous les gouvernements du monde. Pour le moment, le caractère sacré du PIB érige la croissance en religion, qui fait aussi figure de loi du plus fort et du plus nombreux. Mais pour combien de temps ?

La célèbre équation de Kaya[150], du nom de son inventeur japonais, qui relie les émissions anthropiques de dioxyde de carbone ($CO_2$) à différents paramètres, montre que le niveau total d'émissions peut s'exprimer comme le produit de quatre facteurs : la population, le PIB par habitant, l'intensité énergétique, et le contenu en $CO_2$ de l'énergie consommée. Ainsi, si la croissance de la population et du niveau de vie se poursuit au rythme actuel, le PIB mondial sera multiplié par trois d'ici à 2050. Pour diviser par trois les émissions de $CO_2$ à cet horizon – ce qui fait le fondement de l'Accord de Paris –, il faudrait donc diviser par neuf l'ensemble des deux autres termes de l'équation, intensité énergétique du PIB et contenu en $CO_2$ de l'énergie. Or, et on ne peut que le déplorer, au vu de leur évolution tendancielle depuis 150 ans, une division par neuf des émissions, si elle est souhaitable et nécessaire, n'est pas réaliste. On peut donc en déduire que la division par trois des émissions de $CO_2$, si elle se produit, proviendra majoritairement d'une baisse de la population, du PIB ou des deux.

Pour sauver le climat et donc la vie, il n'y a d'autre solution que d'établir un moratoire sur les énergies fossiles, qui consisterait à en utiliser 7 % de moins chaque année

---

150. Une fois n'est pas coutume, voici un très beau résumé de ce qu'est l'équation de Kaya, mais aussi un rappel des instances scientifiques et économiques qui l'utilisent pour leurs propres modélisations : https://fr.wikipedia.org/wiki/%C3%89quation_de_Kaya#:~:text=L'%C3%A9quation%20de%20Kaya%20relie,japonais%20Yoichi%20Kaya%20en%201993.

jusqu'à 2080, au regard de l'année de référence de 2015. Or, cinq ans après l'Accord de Paris, les émissions mondiales de gaz à effet de serre continuent d'augmenter.

## L'hydrogène, le nouveau sauveur ?

L'hydrogène « vert », cette ressource relativement facile à stocker, suscite beaucoup d'espoir. Il est vrai que l'hydrogène, à condition d'être fabriqué à partir d'une source d'énergie primaire décarbonée, renouvelable ou nucléaire, pourrait un jour se substituer aux énergies fossiles et devenir l'énergie concentrée du XXI^e siècle. Oui mais voilà, compte tenu des rendements encore très faibles des électrolyseurs nécessaires à sa production, il est probable que cela ne soit pas envisageable dans l'horizon temporel compatible avec ce qu'il nous reste de temps pour espérer diminuer notre impact sur le climat. En effet, en 2020, pour obtenir 1 kWh émis par un système de stockage par hydrogène, il faut dépenser 4 kWh d'électricité (à titre de comparaison, il faut 1,33 kWh pour charger une pile standard). Cela signifie produire quatre unités d'énergie pour pouvoir en utiliser une. Et pour le moment, les technologies des batteries progressent plus vite que le rendement des électrolyseurs. Ainsi, pour que l'hydrogène rende les mêmes services que les énergies fossiles mais sans $CO_2$, dans le secteur du transport par exemple (aujourd'hui à 99 % dépendant des énergies fossiles et responsable d'environ 30 % des émissions de $CO_2$ mondiales), il faudrait quadrupler la production mondiale d'énergie électrique avec des sources primaires renouvelables. Et donc multiplier leur installation, au-delà de ce facteur quatre, puisque celles-ci par définition sont intermittentes…

Certes, certains panneaux photovoltaïques permettent aujourd'hui de produire les kWh les moins onéreux – de l'ordre de 1 centime le kWh –, mais, compte tenu du volume à produire et de l'énergie grise requise pour fabriquer les systèmes de production d'énergies renouvelables, il est plus que probable que le recours à l'hydrogène ne sauvera pas l'humanité de sa décroissance fossile. Rappelons-le une fois pour toute : nous n'avons simplement pas le temps d'attendre la solution technologique miracle. Et chaque année d'attente solutionniste est une année perdue pour l'action vers la décarbonation. Nous pourrions faire l'un et l'autre, mais force est de constater que, jusqu'à présent, nous avons continué à croire au Père Noël.

La dette énergétique pour construire les centrales de production d'énergies renouvelables sur une durée de 30 ans représente environ un an de production, soit 100 à 1 000 fois plus que pour les centrales thermiques à flamme ou nucléaires. Oui, ce sont les énergies fossiles qui permettent de fabriquer les énergies renouvelables. En d'autres termes, si le monde n'avait utilisé que des énergies renouvelables pour subvenir aux besoins énergétiques annuels dans les années 2010, la totalité des systèmes de production fossiles et nucléaires n'aurait pas suffi à produire suffisamment d'énergie, rien que pour construire les systèmes de production d'énergies renouvelables (éoliennes, panneaux photovoltaïques). Qui plus est, ces installations doivent être renouvelés tous les 30 ans.

Dès lors, générer de l'abondance frugale en énergies et en ressources n'est clairement pas une option, c'est une obligation mathématique et financière. Le kWh le moins cher restera celui que l'on ne consomme pas, comme le souligne le scénario NégaWatt[151]. Ce qui ne disqualifie nullement l'intérêt

151. Scénario négaWatt 2017 sur negawatt.org.

de l'hydrogène vert pour certains usages de niche (sidérurgie, transport lourd par rail pour les réseaux non électrifiables…), et encore moins les énergies renouvelables, qui démontrent tout leur intérêt lorsqu'il y a une évidence, géographique ou en termes de gisement de ressources, à les utiliser.

Quand bien même arriverions-nous un jour à produire suffisamment d'énergies renouvelables pour le transport, en substitution totale des énergies fossiles, la folie « extrac-tiviste » actuelle qui se nourrit de la croissance, et donc de l'énergie, conduirait immanquablement à des ruptures d'approvisionnement des minéraux et autres matières premières nécessaires (d'ici à quelques dizaines d'années seulement pour certaines). Pour le comprendre, nous ne pouvons que recommander la lecture de deux ouvrages de référence sur ces questions que sont *L'Âge des low tech* de Philippe Bihouix, et *La Guerre des métaux rares* de Guillaume Pitron. Quant à aller chercher des métaux rares sous l'Arctique ou au fond des océans désormais plus facilement accessibles avec le réchauffement, ou sur la Lune, comme le suggèrent certains « gourous entrepreneurs »… Avec quelle énergie ? Quel argent ? Quels impacts ? Sérieusement…

## PIB = Principal indicateur de banqueroute

La solution la plus rationnelle en l'état est de redéfinir la notion même de croissance ainsi que les indicateurs de richesse, afin de tendre vers une prospérité sans croissance des flux physiques carbonés. Précisons que les secteurs dits de service sont également concernés. Maintenir le PIB comme seul marqueur de progrès économique n'a plus de sens, c'est même devenu un indicateur d'intensité de prédation des écosystèmes, qui ne fait que montrer à quelle vitesse nous nous rapprochons des effondrements. Le PDG d'une banque aurait fait réfléchir des économistes lorsqu'il aurait déclaré lors d'une conférence : « *Un cycliste est un désastre pour l'économie d'un pays, il n'achète pas de voiture et ne prend pas de prêt automobile, d'assurance automobile, de carburant, il n'envoie pas sa voiture pour l'entretien et les réparations, il n'utilise pas de parking payant, ne cause pas d'accidents majeurs, ne nécessite pas d'autoroutes à plusieurs voies, ne devient pas obèse. Ah oui, en effet les gens en bonne santé ne sont pas nécessaires à l'économie, ils n'achètent pas de médicaments, ils ne vont pas dans les hôpitaux ni voir les médecins, bref ils n'ajoutent rien au PIB. Au contraire, chaque nouveau point de vente McDonald crée au moins 30 emplois, fait vivre un ou deux cardiologues, dentistes et autre expert en perte de poids, en dehors des personnes travaillant dans le nouveau point de vente* ».

*Fake news* ou vraie citation ? *Fake*, bien sûr, mais irrésistible. La marche à pied étant bien pire, il n'y a même pas besoin d'acheter un vélo !

Cette métaphore est une caricature sarcastique de notre économie, mais elle démontre l'absurdité de notre métrique de la performance basée sur l'unique PIB. Qui va avoir le courage de dire stop ? D'autant que des alternatives pourraient servir de base à un nouveau système de mesure : l'indice de développement humain ou IDH[152] ; ou son cousin l'Inclusive Wealth Index[153] ou IWI (Indice de richesse globale) ; l'Indice du progrès social[154] ou IPS ; l'Indice de bien-être durable

152. United Nations Development Programme, « Human Development Index » : hdr.undp.org
153. United Nations Environment Programme (UNEP), *Inclusive Wealth Report*, 2018.
154. The Social Progress Imperative, « 2020 Social Progress Index » : socialprogress.org

ou IBED[155] ; ou encore les travaux de l'économiste américain Joseph Stiglitz, qui démontrent qu'il est possible de mesurer le progrès humain autrement, en s'appuyant notamment sur les facteurs de bien-être des populations, en respectant leurs cultures, mais aussi sur les mesures de restauration des écosystèmes et du bien commun. Un mot concernant le Bonheur national brut du Bhoutan[156]. Nous nous doutons que tout n'est pas rose au Bhoutan, mais l'indice serait pertinent ailleurs : il est intéressant de noter que cet indice est né de la demande d'agences internationales de développement. Qui poussera une telle intégration dans nos pays dits développés ? Voilà un défi que l'Europe devrait relever : remplacer le PIB en tant qu'indicateur principal, en mettant en œuvre une politique qui valorise l'immatériel. Rappelons que le PIB est né aux États-Unis au milieu des années 30 pour un usage précis : mesurer l'effet de la Grande Dépression sur l'économie. En France, il n'est apparu que dix ans plus tard. Il est donc récent, on peut vivre sans, et il n'a jamais eu vocation à devenir notre étau à l'infini.

Compter la valeur autrement, c'est aussi mettre en œuvre des mesures concrètes pour plus d'efficacité et de sobriété énergétiques, dans tous les secteurs d'activités. C'est entamer une véritable substitution des énergies fossiles par des énergies renouvelables, en utilisant ce qu'il nous reste comme droit à polluer pour fabriquer des panneaux solaires. Mais c'est surtout revoir les critères tangibles d'appréciation du bonheur humain, qui n'ont rien à voir, ni avec le pouvoir

155. ses.ens-lyon.fr, « L'indice de bien être durable (IBED) », 2008.
156. La notion de bonheur national brut a été énoncée en 1972 par le roi du Bhoutan, mais définie en 1988 : elle intègre les notions de développement économique et social, durable et équitable ; la préservation et la promotion des traditions culturelles ; la sauvegarde de l'environnement et une bonne gouvernance. Le BNB a été intégré à la nouvelle Constitution du pays en 2008.

d'achat, ni avec la possession d'objets. Il est enfin urgent d'agir pour la reconnaissance de la valeur immatérielle par les normes comptables. Nous y reviendrons.

## L'entreprise prédatrice n'a pas d'avenir

Quasiment toutes les entreprises du monde ont basé leur modèle économique sur un paradigme qui s'affranchit allègrement de la notion de dette écologique. C'est ce qui est communément appelé l'économie linéaire. Cela revient à dire pour une entreprise et ses clients : « j'extrais, je produis, j'utilise, je jette ». Le coût de l'énergie et des matières premières étant marginal par rapport aux autres coûts (RH, marketing, études, publicité, transport, mise sur le marché...) dans la décomposition d'un prix de vente, pourquoi dès lors s'en préoccuper ? Les économistes et financiers à courte vue, avec un cynisme largement accepté par la société, brillent souvent par leur capacité à connaître le prix de tout et la valeur de rien.

L'entreprise prédatrice, suivant des modèles économiques obsolètes prônant la croissance infinie des flux énergétiques et matières, n'a pas d'avenir. Tout comme la finance prônant un rendement à deux chiffres indéfiniment. Il ne s'agit en aucun cas d'une posture doctrinaire ou politique, encore moins incantatoire, espérant que la prophétie, entendue et répétée, se réalise. Constatons que tous les signaux biophysiques convergent vers cette réalité (à commencer par les records et les moyennes de température désormais battus chaque année). Les coûts d'accès à l'énergie finiront par se refléter un peu plus dans sa valeur réelle, mais il sera trop tard pour inverser la tendance. Cette dernière sera haussière, simplement parce que les coûts d'extraction des hydrocarbures non conventionnels sont en constante augmentation, et parce que les États vont, petit à petit, taxer l'énergie et ses véritables externalités négatives d'une manière ou d'une autre. Ainsi, le prix du carbone deviendra un paramètre palpable dans les comptes des entreprises ; la sobriété va alors s'imposer comme une évidence.

En parallèle, les citoyens du monde, à force de canicules, de pandémies, de catastrophes météorologiques et incendies à répétition, de destructions de récoltes et autres inondations, vont prendre conscience que le « système » ne tourne plus rond. Que les prix bas ont un coût social et environnemental caché. Et que ce sont eux, en tant que citoyens-consommateurs, qui en paieront les conséquences. Le réveil n'est hélas pas encore total. Les orientations prises par la société nous dépassent : l'influence communautaire et l'inertie du système politique, sociétal et économique dans lequel nous vivons ne nous laissent que très peu de marge de manœuvre. Quelle alternative avons-nous, si ce n'est de continuer à pédaler sur notre pédalo, même s'il prend l'eau de partout ? D'autant que le rapport entre notre mode de vie individuel et les dégâts globaux est difficile à établir. Ainsi, si le dernier mâle vivant des rhinocéros blancs est mort récemment au Kenya, qu'y pouvait-on, réellement, en tant qu'individu ? Au fond, chacun d'entre nous nourrit des capacités de dualité infinies. On s'inquiète du dérèglement climatique, mais on s'offre volontiers une escapade en avion. On s'indigne de la déforestation croissante, mais on se console devant un bon steak. On pleure de la maladie respiratoire du petit dernier, mais on prend la voiture pour aller chercher le pain. Tant que les entreprises et autres grandes surfaces du *hard discount* proposeront tous ces produits et services tellement peu chers que l'on finit par céder à leurs sirènes à force de publicité et de *Black Friday*, tant que la pression sociétale ou le mimétisme nous y pousserons, nous céderons à cette facette de la mondialisation effrénée le samedi matin, alors que nous la détestons le reste de la semaine. Mais puisque les États n'y voient rien à redire, est-ce si grave ?

Pourtant, la compréhension globale qu'il se passe quelque chose d'irréversible fait son chemin. L'attention croissante portée aux lanceurs d'alerte en est un signe parmi d'autres, comme les premiers procès citoyens contre l'inaction de villes et d'États, ou encore le réveil timide des investisseurs et analystes financiers, qui commencent à s'inquiéter, à juste titre, du fait que toutes leurs promesses de rendement futur des actions de la plupart des entreprises ne vaudront plus rien dans un proche avenir. Et l'indignation fait place peu à peu à la conscience qu'une autre voie est possible. Les mouvements de contestation se multiplient, telles les marches pour le climat de citoyens de plus en plus conscientisés qui ne comprennent pas le décalage entre l'urgence et l'inaction des politiques, et qui mobiliseraient certainement encore plus si ces manifestations, encore pacifiques, n'étaient gangrenées par des extrémistes. Enfin, les comportements d'achats commencent doucement à muter, et pas seulement dans les rayons bio des supermarchés des bobos. Les *marketers* attentifs ne s'y trompent pas. L'offre peut changer. L'offre doit changer. L'offre va changer.

Dès lors, la prospérité et l'abondance sont-elles dissociables de la définition traditionnelle de la croissance ? Ce livre a tenté d'apporter une réponse argumentée pour expliquer qu'il est possible de penser et construire l'entreprise différemment.

## La revanche de la valeur immatérielle

La corrélation entre valeur de marché et valeur comptable n'existe plus depuis longtemps. Selon les études, entre 60 % et 80 % de la valeur d'une entreprise est constitué par sa valeur immatérielle. Il est par conséquent étonnant de constater qu'autant d'attention est encore portée, au plus haut niveau des organisations, au capital matériel, et si peu au capital immatériel. Si l'on regarde les agendas des décideurs, compter l'argent et évaluer les éléments constitutifs du capital matériel consomme l'essentiel de leur temps. Encore plus fort, moins l'entreprise gagne d'argent, plus on renforce les ressources humaines financières spécialisées et on augmente le temps passé à le compter précisément, pour enfin arranger la présentation des comptes en usant de toute la palette des magouilles légales qu'offrent les normes comptables. Sans compter que plus ses comptes sont « optimisés » moins l'entreprise « redonne » à la société via l'impôt, sa première contribution théorique au bien commun, faut-il le préciser.

Le capital immatériel est par définition un élément non monétaire, sans substance physique, constitué par les informations et les connaissances détenues par une organisation. C'est à la fois sa force et sa faiblesse. Sa force est bien résumée par cette citation d'Albert Einstein : « *L'ensemble de ce qui compte ne peut pas être compté, et l'ensemble de ce qui peut être compté ne compte pas* ». La faiblesse du capital immatériel réside dans la difficulté de l'évaluer, aucun indicateur précis ni faisant consensus ne le permettant. La performance immatérielle est et sera toujours la résultante de la combinaison de plusieurs facteurs intangibles, dont la fiabilité ne pourra jamais être garantie.

La valorisation de l'immatériel bénéficie cependant, depuis 2011, du Thésaurus-Bercy[157], un référentiel français de mesure de la valeur extra-financière et financière du capital immatériel des entreprises. Ce référentiel a été officiellement remis au ministère des Finances, à l'occasion de la clôture du premier Symposium international sur l'évaluation et la valorisation des actifs immatériels. Il a été réalisé par des membres de diverses parties prenantes représentatives : entreprises, investisseurs, pouvoirs publics, universitaires, associations professionnelles... sur la base de travaux de modélisation initiés par Alan Fustec[158], spécialiste du capital immatériel. Son objectif est surtout pratique et vise à rendre visible, dans les tableaux de bord, l'invisible. Il propose des méthodes opérationnelles qui permettent de mesurer les actifs immatériels, avec la volonté, dans un premier temps, de mieux les gérer, pour faire progresser la performance des entreprises et, dans un second temps, de les évaluer de façon suffisamment solide pour servir de base aux valorisations et transactions (fusions, acquisitions, ouverture de capital, ratios bancaires...).

La valorisation de l'immatériel vise à combler le grand vide qui existe dans les entreprises, entre la valeur des actifs comptables des célèbres IFRS[159], hors *goodwill*, et leur valeur de marché. Nous savons que les *goodwills* extra-comptables et comptables représentent une part majeure de la valeur des

157. Ministère de l'Économie, des Finances et de l'Industrie, sous la direction d'Alan Fustec, Thesaurus-Bercy.

158. Ingénieur agronome et Docteur en sciences de gestion, spécialiste de la RSE et du capital immatériel, fondateur du cabinet Goodwill-management et directeur scientifique de l'Observatoire de l'Immatériel.

159. Les IFRS (International Financial Reporting Standards) sont le référentiel comptable pour les sociétés cotées sur un marché européen depuis 2005 : ifrs.corg

entreprises : entre 55 % et 72 % pour le CAC 40, selon que l'on est en crise ou pas. Dans les PME, les *goodwills* sont également très importants, de l'ordre de deux tiers de la valeur totale de ces entreprises. Qu'y a-t-il dans ces *goodwills* ? Selon l'approche par les flux, des *cash flows* actualisés. Selon la comptabilité IAS-IFRS, il s'agit d'« incorporels » non comptabilisables, et c'est bien cela le problème auquel le Thésaurus-Bercy apporte une solution d'appréciation tangible, à défaut d'être mathématiquement mesurable.

Il est surprenant et triste que, dix ans après sa parution, le Thésaurus-Bercy n'ait pas encore été adopté par toutes les entreprises, nous en sommes loin ! C'est dire la faillite des sciences économiques et du système d'éducation des « élites » en France et à l'international qui, plus de 50 ans après les premières alertes des scientifiques du climat et de la biodiversité, continuent de chérir et d'enseigner les inepties économiques qui accompagnent l'illusion de la croissance infinie, en omettant le rôle des actifs et services naturels. C'est d'autant plus étonnant qu'il est facile d'admettre que tout ce qui repose sur des exponentielles, en termes de consommation de ce qui est fini, ne peut, par définition, rester dans des limites rationnelles. Les jeunes actifs reproduisent les mêmes erreurs d'analyse et de gestion, et continuent

d'utiliser l'environnement et les droits humains comme des variables d'ajustement des stratégies de prédation inconscientes de leurs entreprises. Heureusement, des étudiants à l'origine du mouvement Pour un réveil écologique[160] ont pris l'initiative d'interpeller à la fois leurs écoles et leurs futurs employeurs, pour dire aux premières « arrêtez de nous enseigner n'importe quoi », et aux seconds « arrêtez de produire n'importe comment ». Il était temps !

Trois mots mèneront irrémédiablement à la faillite les entreprises prédatrices qui choisiront de continuer dans le « n'importe comment » : méfiance, frontière et certitude.

La méfiance les empêche d'aborder les nouvelles façons de penser un business qui doit nécessairement devenir plus inclusif, circulaire, et basé sur l'usage des biens matériels, les menant vers une incapacité à accepter de renoncer aux théories économiques traditionnelles, rendues caduques par la simple compréhension des lois physiques.

Un mur dogmatique invisible bloque ces entreprises dans la collaboration avec les parties prenantes au service du vivant, cachant à leur vue les réalités concrètes des extrêmes aval et amont associés à leurs activités, en termes notamment d'atteinte aux droits humains, d'écocides et de production de déchets. Sur le court terme, c'est commode, mais c'est un sursis trompeur – car leur valeur s'érode et elles ne le voient pas non plus.

La certitude les mène à croire encore et toujours que le futur sera une continuité linéaire du passé, que la technologie nous sauvera, et que les pratiques du monde d'avant, parce qu'elles ont été éprouvées par le passé, garantiront les

160. pour-un-reveil-ecologique.org (et encore merci à eux d'avoir rédigé notre postface !)

succès de demain. Et si, poussées par une mode du *green-washing*, elles finissent par entrer, timidement et sans sincérité – et surtout sans vision ni méthode claires –, dans une transition de leur modèle d'affaires, elles reviendront, la première tempête venue, à « leurs fondamentaux prédateurs ». Elles croient ainsi durer, mais elles ne font finalement que précipiter encore un peu plus vite la fin de l'histoire – délocalisations, réduction d'effectifs et départs fracassants ou discrets de grands chefs à plume avec ou sans parachute doré étant des signaux faibles qui ne trompent personne, même pas ceux qui sont à la tête de ces entreprises. Les exemples malheureusement ne manquent pas.

## La comptabilité du triple capital

Si la vocation première de Thésaurus-Bercy est bien de proposer un bilan étendu adossé et non intégré aux normes IFRS, il est possible d'aller encore plus loin en adoptant une véritable comptabilité du triple capital. Disons-le tout de suite, cette pratique ambitieuse et disruptive est sans aucun doute celle qui peut permettre une accélération de la transition des modèles d'affaires. Aujourd'hui, la comptabilité en partie double, qui a été inventé par Luca Pacioli au XVe siècle, est d'une redoutable efficacité pour préserver le capital financier d'une organisation. Sa principale lacune est qu'elle ne prend en compte que le capital financier. Cela a conduit à une absurdité : certaines entreprises dégagent un profit de leurs activités tout en détruisant leur capital humain, leurs relations sociales et le vivant, et, ce faisant, se tirent une balle dans le pied – la gangrène guette alors fatalement. Cerise sur le gâteau, il n'est pas rare que les dirigeants de ces entreprises très rentables, parce que très prédatrices, soient désignés comme les meilleurs dans les classements des journaux économiques.

Et comme « on » ne prête (disons les banques) qu'aux riches, ces entreprises n'ont aucun mal à trouver des liquidités pour leurs investissements – afin d'être toujours plus efficaces dans la destruction de l'environnement. Les règles comptables actuelles traduisent ce raisonnement, c'est un fait, et les indicateurs extra-financiers de la RSE n'ont absolument rien changé dans la capacité des entreprises à prendre en compte leur dépendance aux actifs naturels et sociaux. Pour rendre visible, dans les comptes, les relations entre l'activité économique et les actifs naturels et sociaux, les entreprises doivent faire évoluer les règles de la comptabilité. C'est ce que propose le cadre de la comptabilité en triple capital (*Triple Capital Accounting*, TCA), mis au point par des universitaires, tels que les professeurs français Jacques Richard et Alexandre Rambaud, et le docteur allemand Stefan Schaltegger. Reste désormais à faire évoluer les standards internationaux de la comptabilité traditionnelle de l'International Accounting Standards Board (IASB), afin qu'ils intègrent ces nouvelles pratiques qui consistent à « prendre soin de la nature et des hommes ».

La logique de cette comptabilité révolutionnaire est d'appliquer le même principe de préservation du capital financier au capital naturel et humain. On peut d'ailleurs se poser la question : lequel de ces trois capitaux est-il le plus stratégique ? Pour simplifier, les inventeurs de cette méthode comptable proposent d'appliquer des concepts d'amortissement et d'investissement aux actifs naturels et sociaux, afin de donner une image plus juste du bilan de l'entreprise.

Certes, cette pratique complexifie l'arrêté comptable et ajoute des lignes au bilan. Pour « apprécier la dépréciation » du capital immatériel, il convient d'évaluer le coût de maintien de ces actifs. Ce n'est pas simple mais c'est faisable. À noter que les trois types de capitaux ne sont pas interchangeables ni même substituables, mais sont interdépendants : vous ne pouvez pas remplacer un élément du capital naturel ou social par un élément du capital financier. Définitivement, tout ne s'achète pas. Les plus actifs défenseurs des pesticides et autres intrants chimiques auront du mal à expliquer que nous pourrons remplacer à grande échelle et à faible coût le rôle des vers de terre dans l'oxygénation des sols ou les insectes pour la pollinisation. Et ce n'est qu'un exemple parmi des milliers. Mais attention il ne s'agit pas d'attribuer une valeur financière à la nature, ni même aux dommages causés. C'est morablement contestable et c'est tout simplement impossible tant les interactions du vivant sont infinies et ultracomplexes à modéliser. Il n'est pas question non plus d'internaliser les impacts négatifs provoqués par la production. Il s'agit, répétons-le, de financer le coût du maintien des écosystèmes et des ressources naturelles.

Pour évaluer ce coût de maintien avec justesse, il n'y a qu'une solution possible, qui consiste à collaborer étroitement avec toutes les parties prenantes, notamment les ONG et les scientifiques (la boucle est bouclée). Seules ces parties prenantes pourront évaluer avec précision ce qu'il convient d'investir, et comment, pour préserver l'inestimable. Mettons véritablement les universités en résonnance avec les entreprises et abattons les barrières entre le monde académique et l'entrepreneuriat.

Comme l'explique Jacques Richard, promoteur de la méthode : « *Ce modèle comptable modifie également la valeur ajoutée et le concept des bénéfices. Comme les coûts de maintenance ne sont plus des dépenses, ils sont intégrés dans la valeur ajoutée : ainsi, le maintien d'un type de capital ne réduit plus la valeur ajoutée. Ensuite, le profit correspond à une véritable mesure de dégradation pour tous les types de capitaux utilisés et la capacité de l'entreprise à lutter contre cette dégradation. Ce nouveau type de comptabilité modifie la conceptualisation de la valeur ajoutée et du profit*[161] ».

Hervé Gbego[162] est l'un des pionniers de cette comptabilité triple capital. Il veut justement positionner l'expert-comptable comme un acteur de la soutenabilité : « *Nos normes comptables ont délaissé la gestion des autres capitaux, environnementaux et sociaux, pourtant nécessaires à la survie même des entreprises dont nous avons en charge la gestion* ». Son analyse est limpide et sa proposition l'est tout autant : « *Le bilan doit dire ce qui est capital et permettre à l'entreprise de piloter sa performance globale, c'est-à-dire sa performance environnementale, sociale et financière. Et c'est ce que propose la méthode CARE*[163] *, pour Comprehensive Accounting In Respect of Ecology, une méthode de comptabilité intégrée inventée par le professeur Jacques Richard de l'université Paris Dauphine, qui s'appuie sur les normes comptables actuelles et dont le but est d'assurer la conservation unique du capital financier pour l'adapter et permettre la préservation du capital naturel et humain. Exemple : si je gère une exploitation agricole, les normes comptables doivent me permettre d'assurer la conservation du capital financier de l'exploitant, mais aussi d'assurer*

161. Jacques Richard, *Comptabilité et développement durable*, Economica, 2012.
162. Président fondateur de Compta Durable, premier cabinet d'expertise comptable et de commissariat aux comptes dédié au développement durable.
163. La méthode CARE explicitée sur le site de Compta Durable : endrix.com

*la qualité des sols, la qualité des eaux, la biodiversité, la santé du personnel, etc. Le bilan comptable doit présenter l'ensemble de ces aspects*[164] ».

*In fine*, comme dans tout bilan comptable, la valeur comptable des trois capitaux doit rester basée sur le coût de leur préservation, sur une période donnée. Si une entreprise engage x milliers d'euros de dépenses pour mettre en place des pratiques qui maintiennent ou restaurent l'écosystème et les savoir-faire sur lesquels repose sa production, cette valeur sera incorporée dans sa comptabilité au passif de son bilan. Ce coût de maintenance du capital naturel et humain est considéré comme un investissement plutôt que comme un coût. C'est une révolution, et pas seulement comptable.

## Et maintenant…

À tous les sceptiques résiduels de ce type d'approche indirecte, il ne reste plus qu'à demander : comment peut-on faire autrement ? Il est évident que l'on ne pourra jamais mesurer, quantifier, monétiser l'inestimable, c'est-à-dire le vivant. En revanche, il est largement conseillé de tout faire pour faire progresser les éléments constitutifs du capital immatériel, car ce dernier est la source de tous les progrès. Cela est encore plus vrai dès lors que l'on souhaite rendre contributive son organisation.

Le salut de notre capacité à rendre contributives, nettes d'externalités positives, les entreprises, réside dans la

164. Tribune sur le blog de l'Entreprise contributive : « Une compta qui rend durable, par Hervé Gbego, Compta Durable », *Les Grands Témoins*, 27 juin 2020.

maximisation des déterminants du capital immatériel, et notamment l'humain. Développer le capital humain, nous l'avons évoqué, revient à faire confiance aux collaborateurs, afin qu'ils trouvent eux-mêmes des solutions en phase avec une raison d'être véritablement ancrée dans les réalités des conditions pour maintenir le vivant sur la planète. Les principaux atouts de nos entreprises, ce sont les connaissances, les savoir-faire, l'ingéniosité, la créativité, les compétences de nos collaborateurs qui, trop souvent, ne peuvent pas exprimer leur plein potentiel, du fait de modèles d'organisations et de management essentiellement basés sur la défiance.

Si nous continuons à faire ce que nous avons toujours fait, nous obtiendrons ce que nous avons toujours obtenu. Pour éviter ce *statu quo* préjudiciable au véritable progrès qui doit savoir concilier le mieux avec le moins, il est utile de se poser régulièrement la question suivante : qu'est-ce qu'il n'est pas possible de faire aujourd'hui dans notre entreprise, et qui, si cela devenait possible, améliorerait significativement notre performance ?

En prenant le temps de répondre sincèrement à cette question, l'expérience montre que l'essentiel des raisons qui freinent le progrès sont des causes internes, et non des causes externes. Tous ceux qui pensent qu'une chose est impossible à faire sont invités à ne pas perturber ceux qui essaient !

Produire en respectant les limites planétaires, et en permettant l'accès de tous à un minimum de confort matériel pour une vie digne, est possible. Nous n'ignorons pas les difficultés à agir, mais il convient d'éviter de trop y penser, car le vent contraire décourage. Redonnons du sens au progrès. Inventons une nouvelle définition de la croissance compatible avec les lois physiques. Oui à la croissance infinie du bien-être, de la biodiversité, de la qualité de l'air et de l'eau... Oui à la croissance de la réduction des inégalités, du travail épanouissant sans effet délétère sur la santé, de la technologie utile pour moins tomber malade et pas simplement pour se soigner, des produits durables pour consommer avec mesure et non pas ajouter de la futilité à l'inutile. Oui à la croissance des emplois dont le sens social et environnemental est avéré, pour que cessent le mal-être et le désengagement au travail. Oui à la croissance des connaissances, et notamment celles qui nous permettront de conjuguer la sobriété avec la technologie sans effet rebond. Oui à la croissance de la juste qualité dans une économie circulaire du réemploi et de l'usage ; cette juste qualité qui seule permet d'éradiquer la non- et la sur-qualité à l'origine des gaspillages colossaux de l'économie linéaire. Oui à la croissance de la responsabilité, car c'est la condition pour préserver notre liberté.

À l'instar des initiateurs isolés des olas dans les stades, il n'y a pas besoin d'être majoritaire pour voir émerger un mouvement citoyen global et d'ampleur. Tel le hareng motivé qui entraîne le banc, les pionniers des entreprises contributives entraîneront toutes les autres. Quelques milliers suffisent. Acceptez-vous d'en être ?

REFUSER LE DÉNI

# Postface

L'entreprise de demain sera contributive ou ne sera pas. C'est la conviction d'une part croissante des jeunes qui, comme nous, ont signé en 2018 le « Manifeste étudiant pour un réveil écologique ». Nous y affirmons notre refus de travailler pour des employeurs qui ne placeraient pas les questions écologiques au cœur de leur stratégie. Malheureusement, trop peu d'entreprises encore aujourd'hui répondent à nos attentes. Nous héritons d'un système où nous devons faire le moins mauvais choix.

Jeunes, nous sommes les premiers concernés par les mises en garde du GIEC (Groupe d'experts intergouvernemental sur l'évolution du climat) : montée des eaux, incendies, vagues de chaleur mortelles, famines, migrations climatiques, guerres et crises économiques seront notre quotidien si nous poursuivons la trajectoire actuelle. Cet avenir, nous n'en voulons pas. Et il nous fait peur.

Jeunes, nous ne voulons pas attendre que le monde actuel mette en péril le monde à venir. Nous recherchons un travail qui a du sens, un travail qui n'aggrave pas une situation suffisamment alarmante. À l'ère de l'information, nous ne pouvons plus ignorer les impacts négatifs de notre système économique : des modèles qui incitent à la surconsommation, détruisent la biodiversité, et surtout qui reculent devant tout vrai changement écologique.

C'est là que l'entreprise contributive entre en jeu : « *une entreprise avec des impacts sociaux et environnementaux positifs* » nous disent Fabrice Bonnifet et Céline Puff Ardichvili. Tout de suite, nous voulons en savoir plus. « *C'est un idéal vers lequel toute entreprise peut tendre.* » Tous les trois, nous avons réfléchi à cette entreprise contributive dans laquelle nous voudrions travailler, nous épanouir et changer les choses. Et nous sommes agréablement surpris d'entendre une voix, celle de Fabrice et Céline, qui conforte notre réflexion. Des cadres d'entreprise qui voudraient le changement ? Oui, cela existe. Atteindre cet idéal ? Nous pensons que c'est possible.

L'entreprise n'est pas une organisation détachée de la société dans laquelle elle opère. Bien au contraire, elle est politique par essence. L'entreprise porte une vision du monde, autant par ses actions que par ses absences d'actions. Elle a une influence sur la société, tout autant que la société influe sur elle par les discours et les paradigmes qui la traversent. Les entreprises se satisfaisant d'actions RSE disparates, sans questionner leurs modèles d'affaires et leurs stratégies, font bien un choix politique ; celui de ne pas vraiment remettre en question leur *statu quo*.

Refuser de transformer son modèle d'affaires et d'affronter ses paradoxes, c'est nous refuser, à nous les jeunes, notre avenir. Aux inégalités déjà criantes entre pays développés et pays émergents, et au sein des pays eux-mêmes, s'ajoute l'inégalité temporelle de ne pas être nés à la période historique où se joue la vivabilité de notre planète.

Inversement, l'entreprise contributive est consciente de ce qu'elle est, et de ce qu'elle n'est pas. Devenir une entreprise contributive est un acte politique. Comme tout projet politique, cela demande le courage d'affronter les conséquences de choix collectifs. Il s'agit de prendre des risques concrets en osant changer d'indicateurs de performance, transformer son modèle d'affaires et requestionner le rôle de ses actionnaires. Oser prendre le risque de croire que le futur n'est pas tout tracé, qu'il est le résultat des actions ou non-actions du présent. Cela implique de questionner les *statu quo* et les rapports de pouvoir en vigueur. Nous, les jeunes, sommes conscients que ce à quoi nous appelons est complexe, mais nous croyons que ce n'est pas hors de portée. Et surtout, que nous n'avons pas le choix si nous voulons laisser aux générations futures des conditions de vie à peu près aussi agréables que les nôtres.

Nous avons le pouvoir d'agir pour influer sur le système économique dont nous faisons partie. Transformer, dans un premier temps, les produits et services rendus est une nécessité dont nous ne pourrons nous passer, si nous visons un impact net positif. À l'heure actuelle, nous dépassons les limites physiques de notre Terre, nos modes tant de consommation que de production sont à repenser pour être soutenables. Parallèlement, les inégalités s'accroissent et le développement social stagne. Il s'agit donc d'établir une société riche de justice sociale et sobre en consommation.

Afin d'avoir le courage de se transformer et l'opportunité d'être actrice et gagnante de la transition écologique, toute entreprise doit, quelle que soit son activité, se questionner sur son utilité et sa mission. Cela implique de choisir collectivement les filières qui croîtront et celles qui déclineront. L'urgence climatique nous exhorte à questionner ce que sont nos vrais besoins : lesquels sont essentiels ? Comment se définissent notre bonheur et notre bien-être ? La sobriété est une clé fondamentale, car elle invite à nous recentrer sur ce qui compte vraiment : cette attitude nous apprend à considérer que le bonheur est présent autant que futur. Il faut veiller à ne pas confondre surconsommation et bonheur, multiplicité des choix et liberté.

Renouveler les modèles d'affaires est en ce sens une mesure politique : c'est placer la sobriété au centre d'une vision d'un monde plus juste et plus heureux. Les entreprises contributives peuvent être des exemples concrets d'organisations qui ont transformé leurs offres, avec les moyens nécessaires pour accompagner leur changement de stratégie et des comportements des salariés et des consommateurs. Elles participent au fondement d'un nouveau contrat social en « pensant global et agissant local », au service tant des sociétés que des territoires dans lesquelles elles s'ancrent. Adopter cette posture implique de prêter attention à ses propres dissonances, pour s'assurer que tout discours soit traduit concrètement en actions ambitieuses, mais aussi de toucher en priorité le cœur de l'activité économique.

Tendre vers l'entreprise contributive est un effort qui doit mobiliser la structure tout entière. Soutenir ce projet de transformation peut donner du sens au travail de chacun, à condition que les enjeux soient compris par tous. Former ses employés à l'urgence climatique, aux impacts sociaux et environnementaux auxquels ils contribuent par leur activité, est une première phase. Une fois formés, une participation de l'ensemble des collaborateurs à la conception du projet et aux moyens de sa mise en place ne peut être que bénéfique pour sa future réalisation. La quête de sens n'est pas réservée aux jeunes qui cherchent un travail. Dans le bon état d'esprit, avec l'individu au cœur du projet, les entreprises sont capables d'accomplir de grandes choses. Et pour relever un tel défi, il faut être dans de bonnes conditions.

Il faut aussi avoir les bons outils. Lorsque les personnes sont prêtes à changer, il s'agit ensuite de réapprendre son métier. Adopter un nouveau regard pour accomplir sa profession autrement. Utiliser de nouveaux indicateurs en est un exemple, surtout lorsqu'il s'agit de comptabiliser des services non monétaires. À chaque lancement de projet, des démarches d'éco-conception et d'analyse de cycle de vie sont nécessaires pour s'assurer que les externalités restent positives. Comptabiliser les ressources naturelles utilisées, les émissions produites et la biodiversité impactée sont autant d'étapes utiles pour produire et innover en conscience, et ainsi éviter les erreurs d'hier.

Avec un projet où l'objectif est clair et repose sur le bien-être et le bonheur de chacun, la motivation des employés de l'entreprise ne peut que décupler. Une telle entreprise, en plus d'avoir un effet bénéfique externe, sera également vertueuse en interne. Le *turnover* ne sera plus qu'un vilain anglicisme. L'attraction des nouveaux talents sera immédiate.

Si votre entreprise mesure déjà ses externalités, vous serez sûrement d'avis qu'il est très difficile d'avoir des impacts sociaux et environnementaux tous positifs. La réaffirmation de son rôle politique est indispensable pour fédérer autour d'une transition écologique ambitieuse. Tout changement est risqué, mais les conséquences de l'inaction sont telles que cela vaut la peine d'essayer. Osons dès maintenant questionner l'état actuel de l'économie et des modèles d'affaires, pour faire en sorte que déclaration d'intention et actions aillent toujours de pair. Il faudra beaucoup de courage et d'exigence pour définir et incarner une version contributive de l'entreprise, et s'y tenir.

Jeunes, nous sommes conscients des défis auxquels nos sociétés sont déjà confrontées. Jeunes, nous sommes prêts à nous engager pour un projet commun et y contribuer. C'est en travaillant de concert avec toutes les personnes de bonne volonté vers cette ambition que nous pourrons y arriver.

Marie-Aimée Ferté, Mathis Perdriau et Angel Prieto,
membres du collectif *Pour un réveil écologique*

# Remerciements

Un livre ne s'écrit jamais seul. Surtout un livre comme celui-ci. Forcément, nous avons trouvé notre inspiration dans les exemples d'entrepreneuriats et de transformation d'entreprises autour de nous, nos lectures de livres et d'articles, l'écoute de podcasts, nos observations, nos rencontres.

D'abord, un grand merci à notre éditrice, Chloé Schiltz, pour sa confiance et son exigence. Ensuite, nous tenons à remercier chaleureusement toutes les personnalités qui ont accepté de témoigner dans notre blog www.entreprisecontributive.blog, mais aussi celles qui nous ont inspiré ou aidé, directement ou indirectement. La liste exhaustive est impossible à dresser tant nous avons été nourris par le travail et les prises de position de multiples personnalités. Merci à vous, Yacine Ait Kaci, Sylvia Amicone, César Armand, Isabelle Autissier, Matthieu Auzanneau, Laurent Babikian, Aurélien Barrau, Philippe Bihouix, Dominique Bourg, Dorothée Browaeys, Guillaume Buffet, Laëtitia Buffet, Thomas Busuttil, Aymeric Caron, Laurent Castaignède, Laëtitia Cognie, Jérôme Cohen, Cécile Colonna d'Istria, Maxence Cordiez, Joël Cossardeaux, Pierre Darmet, Emmanuel Davidenkoff, Coline Debayle, Jean-Philippe Decka, Isabelle Delannoy, Sébastien Delpont, Pascal Demurger, Cyril Dion, Emmanuel Faber, Julia Faure, Geneviève Férone, Stéphane Foucart,

Alan Fustec, Jean Marc Gancille, Charlotte Gardes, Stéphanie Gay-Torrente, Hervé Gbego, Delphine Gibassier, Gaël Giraud, Pierre-Henri Gouyon, Laurence Grandcolas, Alain Grandjean, Philippine Guénot, Céline Guivarch, Juliette Guillemin Dupille, Isabelle Hennebelle, Béatrice Héraud, Thomas Huriez, Emery Jacquillat, Jean Marc Jancovici, Jean Jouzel, Alexandre Jubien, Arthur Keller, Mathieu Labro, Brice Lalonde, Fréderic Laloux, Pierre Larrouturou, Bruno Latour, Élisabeth Laville, Julien Le Corre, Hélène Le Teno, Santiago Lefevre, Sandra Legel, Seth Leitman, Alexis Lemeillet, Corine Lepage, Vanessa Logerais, Rose-May Lucotte, Myriam Maestroni, Valérie Masson-Delmotte, Bill McKibben, Nicolas Meilhan, Vincent Mignerot, Laure Modesti-Jubin, Jean Moreau, Fabienne Morgaut, Juliette Nouel, Muriel Papin, Thomas Parouty, Timothée Parrique, Gunter Pauli, Véronique Perret, Philippe Peuch-Lestrade, Dominique Pialot, Fanny Picard, Guillaume Pitron, Grégory Pouy, Alexandre Rambaud, Agnès Rambaud-Paquin, Kalina Raskin, Pascal de Rauglaudre, Jacques Richard, Martin Richer, Cédric Ringenbach, Eva Sadoun, Victoire Satto, Éric Scotto, Blanche Segrestin, Pablo Servigne, Jean-Dominique Siegel, Fabrice Simondi, Agnès Sinaï, Renaud Sornin, Elizabeth Soubelet, Kevin Tayebaly, Julien Tchernia, Laurent Testot, Joel Tronchon, Marie Vabre, Laurence Vanhée, Fred Vargas, Baptiste Venet, Thomas Wagner dit Bon Pote, Jean Pascal van Ypersele, Zhang Zhang, Jean-François Zobrist…

Merci aussi Béatrice Lévêque et toute l'équipe de Look Sharp, les membres du C3D et de The Shift Project, les amis DDO (le master Développement durable en formation continue de l'université Paris Dauphine), ainsi que les membres du mouvement Pour un réveil écologique.

Et surtout, un remerciement appuyé à nos familles et amis, car écrire un livre, c'est aussi du temps. Clin d'œil à Isabelle qui a toujours cru au potentiel artistique de sa sœur…

# Bibliographie

ACOT Pascal, *Histoire du climat*, Éditions Tempus, 2004.

ALÉVÊQUE Christophe, GLENN Vincent, *On a marché sur la dette*, La Martinière, 2015.

BARRA Marc, HUTINET Laurent, LECUIR Gilles, *Économie et biodiversité*, Éditions Victoires, 2014.

BATHO Delphine, *Écologie intégrale. Le Manifeste*, Éditions du Rocher, 2019.

BECK Ulrich, *La Société du risque*, Champs Essais, 1986.

BECK Ulrich, *Pouvoir et contre-pouvoir à l'heure de la mondialisation*, Champs Essais, 2002.

BIHOUIX Philippe, *Le Bonheur était pour demain*, Éditions du Seuil, 2019.

BOHLER Sébastien, *Le Bug Humain : Pourquoi notre cerveau nous pousse à détruire la planète et comment l'en empêcher*, Robert Laffont, 2019.

BORELLO Jean-Marc, LE TENO Hélène, *Choisir son monde*, Éditions de l'Atelier, 2017.

BOULEAU Nicolas, *Le Mensonge de la finance*, Éditions de l'Atelier, 2018.

BOURG Dominique, PAPAUX Alain, *Dictionnaire de la pensée écologique*, PUF, 2015.

BOURG Dominique, *Le Marché contre l'humanité*, PUF, 2019.

BROWAEYS Dorothée, *L'Urgence du vivant : vers une nouvelle économie*, Decitre, 2018.

BUCLET Nicolas, *Écologie industrielle et territoriale, stratégies locales pour un développement durable*, Septentrion, 2011.

BUTTIN Nicolas, SAFFRÉ Brieuc, *Activer l'économie circulaire*, Eyrolles, 2016.

CARON Aymeric, *Utopia*, Point, 2017.

CARSON Rachel, *Le Printemps silencieux*, Le Livre de Poche, 1968.

CHAMPAGNE Michèle, *Résilience climatique et biodiversité*, Afnor Éditions, 2019.

CHAPELLE Gauthier, DECOUST Michèle, *Le Vivant comme modèle*, Albin Michel, 2015.

CHEVASSUS-AU-LOUIS Nicolas, *Un iceberg dans mon wiskey : Quand la technologie dérape*, Éditions du Seuil, coll. « Science ouverte », 2009.

DAMON Julien, *Quelle bonne idée !*, Le Point/PUF, 2018.

DARTIGUEPEYRON Carine, *Le Futur est déjà là*, Le bord de l'eau, 2017.

DEMIN W. Edwards, *Du nouveau en économie*, Economica, 1996.

DRUON Emmanuel, *Entreprendre et produire autrement*, Pearson, 2012.

FLEURY Cynthia, *La Fin du courage*, Fayard, 2010.

FOUCART Stéphane, HOREL Stéphane, LAURENS Sylvain, *Les Gardiens de la raison : Enquête sur la désinformation scientifique*, Éditions La Découverte, 2020.

FRIEDMAN Thomas L., *La Terre est plate*, Éditions Tempus, 2006.

GALLÉ Jennifer, *Miscellanées de ma planète*, Éditions Buchet Chastel, 2019.

GRANDJEAN Alain, LE TENO Hélène, *Miser (vraiment) sur la transition écologique*, Éditions de l'Atelier, coll. « d'Autres Lendemains », 2014.

GROYER Sébastien, *Destins du capitalisme*, Equinomy, 2018.

HADJADJ Fabrice, *Dernières nouvelles de l'homme (et de la femme aussi) : Chroniques d'une disparition annoncée*, Texto Essais, 2019.

HALLÉ Francis, *Éloge de la plante*, Point, 2014.

HARARI Yuval Noah, *Sapiens*, Albin Michel, 2011.

HAZARD Nicolas, *Appel à la guérilla mondiale*, Éditions Débats Publics, 2019.

HEINBERG Richard, *Pétrole, la fête est finie*, Éditions Demilune, coll. « Résistance », 2008.

HESSEL Anne, JOUZEL Jean, LARROUTUROU Pierre, *Finance, climat, réveillez-vous ! Les solutions sont là*, Indigènes Éditions, 2018.

D'HUMIÈRES Patrick, *Le Développement durable, le management de l'entreprise responsable*, Éditions d'Organisation, 2005.

HURIEZ Thomas, *Re-made en France*, Dunod, 2019.

JACKSON Tim, *Prospérité sans croissance*, De Boeck, 2010.

JACQUARD Albert, *Le Compte à rebours a-t-il commencé ?* Éditions Stock, 2009.

JANCOVICI Jean-Marc, *Dormez tranquille jusqu'en 2100*, Odile Jacob, 2015.

JANCOVICI Jean-Marc, *Le Climat expliqué à ma fille*, Éditions du Seuil, 2017.

JOMBART Philippe, *Excellence opérationnelle*, Archipel, 2016.

JOUZEL Jean, LARROUTUROU Pierre, *Pour éviter le chaos climatique et financier*, Odile Jacob, 2017.

JURGENSEN Philippe, *L'Économie verte*, Odile Jacob, 2009.

KLEIN Naomi, *Tout peut changer, capitalisme et changement climatique*, Actes Sud, 2015.

LALOUX Frédéric, *Reinventing organizations*, Diateino, 2014.

LATOUR Bruno, *Politiques de la nature : Comment faire entrer les sciences en démocratie*, Éditions La Découverte, coll. « Armillaire », 1999.

LAVILLE Élisabeth, *Vers une économie heureuse*, Allary Éditions, 2014.

LAVILLE Élisabeth, *Les Marques positives*, Pearson France, 2019.

LATOUCHE Serge, *Le Pari de la décroissance*, Pluriel, 2010.

LE MOIGNE Rémy, *L'Économie circulaire*, Dunod, 2018.

MAALOUF Amin, *Le Dérèglement du monde*, Grasset, 2009.

MALET Émile H., *Le Capitalisme contre le monde*, Éditions du Cerf, 2009.

MARCEL Mélanie, SZMATULA Éloïse, *Science et impact social, vers une innovation responsable*, Diateino, 2017.

McDONOUGH William, BRAUNGART Michael, *Cradle to cradle, créer et recycler à l'infini*, Éditions Alternatives, coll. « Manifestô », 2011.

MÉDA Dominique, *Le Travail*, PUF, 2004.

MOORE Michael, *Dégraissez-moi ça ! Petite balade dans le cauchemar américain*, Éditions La Découverte, 2000.

NOVEL Anne-Sophie, *La Vie share mode d'emploi*, Éditions Alternatives, coll. « Manifestô », 2013.

PAWLYN Michael, *Biomimétisme et architecture*, Éditions Rue de l'Échiquier, 2019.

PELT Jean-Marie, *C'est vert et ça marche !* Fayard, 2007.

DE PERTHUIS Christian, *Et pour quelques degrés de plus*, Éditions Pearson, coll. « Les Temps changent », 2010.

PIALOT Dominique, DE RAUGLAUDRE Pascal, *101 idées reçues sur l'écologie*, Éditions l'Express, 2011.

PICCARD Bertrand, BORSCHBERG André, *Objectif Soleil : L'aventure Solar Impulse*, Stock, 2017.

POUYDEBAT Emmanuelle, *Quand les animaux et les végétaux nous inspirent*, Odile Jacob, 2019.

POWERS Richard, *L'Arbre-monde*, Babelio, 2019.

RADJOU Navi, PRABHU Jaideep, AHUJA Simone, *L'Innovation Jugaad*, Diateino, 2013.

RICH Nathaniel, *Perdre la terre : Une histoire de notre temps*, Éditions du Seuil, 2015.

RICHARD Jacques, *Comptabilité et développement durable*, Economica, 2012.

ROUDAUT Yannick, *Quand l'improbable surgit, un autre futur revient dans la partie*, Éditions La Mer Salée, 2020.

SEGRESTIN Blanche, HATCHUEL Armand, *Refonder l'entreprise*, Éditions du Seuil, coll. « La République des Idées », 2012.

SEN Amartya, *L'Économie est une science morale*, Éditions La Découverte, 1999.

SENNETT Richard, *La Culture du nouveau capitalisme*, Albin Michel, 2006.

SERVIGNE Pablo, STEVENS Raphaël, *Comment tout peut s'effondrer. Petit manuel de collapsologie à l'usage des générations présentes*, Éditions du Seuil, coll. « Anthropocène », 2015.

SERVIGNE Pablo, CHAPELLE Gauthier, *L'Entraide, l'autre loi de la jungle*, Les Liens qui libèrent, 2017.

SERVIGNE Pablo, STEVENS Raphaël, CHAPELLE Gauthier, *Une autre fin du monde est possible*, Éditions du Seuil, coll. « Anthropocène », 2018.

SHEFFI Yossi, *Balancing Green*, MIT, 2018.

SINAI Agnès, *Économie de l'après-croissance*, Presses de Sciences Po, 2015.

SINCLAIR Upton, *Pétrole !* Éditions Gutenberg, 2008.

STIGLITZ Joseph E., *Quand le capitalisme perd la tête*, Fayard, 2003.

VARGAS Fred, *L'Humanité en péril*, Flammarion, 2019.

VIDAL Julien, *Ça va changer avec vous*, First, 2019.

WOLFF Dominique (dir.), *Le Développement durable : Théories et applications au management*, Dunod, 2010

84362/85318 – (I) – ENS 80° – NOC – NRI
Dépôt légal : avril 2022 - Suite du tirage : novembre 2022

Achevé d'imprimer par Dupliprint à Domont (95)
N° d'impression : 2022103809
www.dupliprint.fr

*Imprimé en France*